D1865769

DAS GROSSE KÄSE-KOCHBUCH

DIE BESTEN REZEPTE AUS ÖSTERREICH

UEBERREUTER

ISBN 978-3-8000-7372-6

Alle Urheberrechte, insbesondere das Recht der Vervielfältigung, Verbreitung
und öffentlichen Wiedergabe in jeder Form, einschließlich einer Verwertung
in elektronischen Medien, der reprografischen Vervielfältigung, einer digitalen
Verbreitung und der Aufnahme in Datenbanken, ausdrücklich vorbehalten.
Titel der Originalausgabe: Käse – Eine kulinarische Reise durch die Welt des Käses
Copyright © der Originalauflage: 2007 by Agrarmarkt Austria Marketing GesmbH. www.ama-marketing.at
Fotos: Liesl Biber, Bisamberg – Edwin Enzlmüller, Linz
Konzeption/Text/Gesamtkoordination: AMA-Marketing, eigen)art WerbegmbH, Linz
Litho: M&K, Wels
Druck: Gutenberg Linz
Copyright © dieser Ausgabe 2008 by Verlag Carl Ueberreuter, Wien
2 4 6 7 5 3 1

Ueberreuter im Internet: www.ueberreuter.at

INHALT

KÄSEGESCHICHTEN – NATÜRLICH UND WERTVOLL

MILCH HAT VIELE JAHRE AUF DEM BUCKEL. SCHON DIE SUMERER WUSSTEN UM DEN WERT DES WEISSEN GOLDES BESCHEID UND SCHICKTEN IHRE KÜHE AUF DIE WEIDE. DIE BIBEL BERICHTET VOM „LAND, DARINNEN MILCH UND HONIG FLIESST“ (EZ 3, 17; PS 19, 11).

Auch die Römer ließen sich gerne von schmackhaftem Käse verzaubern. Sie verwendeten Milchprodukte als Salbe und Arzneistoff. Die Griechen vermuteten: Milch mache die Götter unsterblich. Für Kleopatra war Milch ein Schönheitselixier. Milch- und Molkebäder ließen ihre Schönheit in strahlendem Glanz erscheinen.

Käse ist eine der ältesten und genussvollsten Arten, Milch haltbar zu machen. Dieser Vorzug macht ihn bis heute zu einem unverzichtbaren Begleiter unserer Ess- und Genusskultur. Käse zählt zu den ältesten Lebensmitteln der Menschheit. Ein Tempelfries von Ur, der Hauptstadt der Sumerer, führt uns vor Augen, dass Menschen, die Kühe gemolken haben, auch Käsehandwerk betrieben. Das Geheimnis der Käseproduktion, das vor rund 12.000 Jahren seinen Ausgang nahm, ist bis heute nicht ganz gelüftet. Wahrscheinlich war Zufall im Spiel, als man entdeckt hatte, dass Milch sauer wird und dann eindickt. Ob Milch zu nahe am Feuer oder etwas zu lange unter der Sonne gestanden war, weiß man nicht. Nachweisbar ist: Seitdem Kühe, Schafe und Ziegen gehalten werden, gibt es Käse.

Eine Variante, die dem Geheimnis ein Stück näher kommt:
Milch wurde in der Steinzeit in getrockneten Kälbermägen als Nahrungsreserve auf Jagdzüge mitgenommen. In diesen Magensäcken vermischte sich das weiße Gold mit dem Enzym aus dem Kälbermagen, dem Lab. Bis heute bildet das Einmischen von Lab die Basis für die Käseherstellung. Dieses Enzym teilt die Milch in flüssige Molke und Käsebruch. Käsebruch ist das topfenartige Rohmaterial, aus dem Käse gewonnen wird. Nomadenvölker aus dem Osten wussten, dass Käse nur langsam verdirbt. Folglich nutzten sie Käse für ihre langen, mühsamen Wanderungen. Zu unserem Glück! Denn so brachten sie die Köstlichkeit nach Europa und verzückten Griechen und Römer mit neuen Gaumenfreuden.

Mit gesalzenem, ungesalzenem, hartem und weichem Käse wurde im Imperium Romanum reger Handel betrieben. Aber auch bei den Germanen war Käse ein kostbares Handelsgut. Impulsgeber für die Käsekultur im Mittelalter waren die Mönche in den Klöstern. Sie beherrschten das Handwerk des Käsemachens, verfeinerten die Methoden und ernteten dafür viel Ruhm.

König Karl der Große von Frankreich war ein leidenschaftlicher Käseliebhaber. Er beharrte darauf, dass jedes Jahr zu Weihnachten zwei Maultierladungen Roquefort auf sein Schloss geliefert wurden. So gelangten ausgewählte Köstlichkeiten nach Europa und erfreuen sich bis heute größter Beliebtheit.

KÄSE – EIN NATURPRODUKT MIT KULTUR

BIS INS 19. JAHRHUNDERT WAR DIE KÄSEPRODUKTION VON SAISONALEN BEDINGUNGEN UND KULTURELLEN GEGEBENHEITEN ABHÄNGIG. MEIST WAR KÄSEHERSTELLUNG ANGELEGENHEIT VON KLÖSTERN UND FAMILIEN. WÄHREND IN DEN BERGREGIONEN VORNEHMLICH LÄNGER GEREIFTE, WÜRZIGERE KÄSE HERGESTELLT WURDEN, WAREN ES IM FLACHLAND DIE MILDEN SCHNITT- UND FRISCHKÄSE.

Der Durchbruch in der Kunst der Käserei gelang Justus von Liebig und Louis Pasteuer. Justus v. Liebig erforschte die Käsegärung, Louis Pasteur entdeckte die Pasteurisierung. So gelang es, die Haltbarkeit von Käse entscheidend zu verbessern und Milch professionell zu veredeln. Louis Pasteur schaffte es, auf sehr schonende Weise, die schädlichen Mikroorganismen durch Erwärmung zu zerstören. Damit konnte Käse in vielfältiger Form und in größeren Mengen mit gleich bleibender Qualität hergestellt werden. Die Erfindung der Zentrifuge und die Züchtung der Kühe auf mehr Milchleistung perfektionierten die hohe Kunst der Käsegewinnung. Käse avancierte zu einem Genussprodukt. In den 80er und 90er Jahren des 20. Jahrhunderts stand bei uns Käse ganz oben auf der Gourmetliste.

Diese Erfolgsgeschichte hat sich bis heute fortgesetzt. Mit Sorgfalt und viel Liebe zum Käse hat ein kleiner Zirkel von Käseliebhabern Käsevariationen verfeinert und konsequent weiter entwickelt. Ihnen ist es zu verdanken, dass wir heute ein derart großes Käseangebot haben. Mit viel Engagement hat man das Wissen um die Kunst des Käsehandwerks weiter gegeben. Für das heimische Käseangebot brachte die Qualitätsoffensive der letzten fünfzehn Jahre einen großen Vorteil. Das spiegelt sich im Käsekonsum wider, der sich in Österreich im gleichen Zeitraum verdoppelt hat. Ständige Innovationen stellen unter Beweis: Österreichische Käsekultur ist sehr lebendig und stets am Puls der Zeit. Werfen Sie einen Blick in die nächste Käsetheke, tauchen Sie ein in eine kulinarische Reise heimischer Geschmacksvielfalt und Sie sehen: Käse, das reine, naturbelassene Genussprodukt, liegt voll im Trend und ist eines der wertvollsten Lebensmittel.

Käsewörterbuch:

Unser Wort „Käse" stammt vom lateinischen „Caseus". Auch das englische „cheese" und das holländische Wort „Kaas" lassen sich daraus ableiten. Das französische Vokabel „fromage" und das italienische „fromaggio" stammen vom lateinischen „cioagulum formatum", das soviel wie „geformtes Gerinnsel" bedeutet.

Käse mit Musik, Seite 34

VORSPEISEN UND SUPPEN

VORSPEISEN

SUPPEN

MIT KÄSE GEFÜLLTE ZUCCHINIBLÜTEN

20 min.

Die Zutaten (für 4 Portionen):

- 8 Zucchiniblüten mit kleinen Zucchini
- 100 g Frischkäse
- 60 g geriebener Hartkäse
- 1 TL frischer Thymian
- 1 TL frische Minze
- 1 TL Petersilie
- Pfeffer aus der Mühle
- grobes Meersalz
- 2 EL geriebene Mandeln
- 1 EL Olivenöl
- 1 EL geröstete Mandelblättchen

Die Zubereitung:

1 Backofen auf 200 °C vorheizen. Backblech leicht einölen. Verrühren Sie Frischkäse mit Hartkäse und fein gehackten Kräutern sowie Salz, Pfeffer, geriebenen Mandeln und Olivenöl. Diese Mischung, die Sie in den Spritzbeutel gefüllt haben, spritzen Sie in die Zucchiniblüten und drehen die Enden der Blüten zu.

1

Die Zucchiniblüten bestreuen Sie mit Salz und frisch gemahlenem Pfeffer und legen sie auf das eingefettete Backblech. Das Backblech bedecken Sie mit Alufolie und backen die Blüten 8–10 Minuten. Mit gerösteten Mandelblättchen bestreuen und servieren.

Ein Tipp:

Die Zucchiniblüten erhalten Sie in der Sommerzeit in Feinkostgeschäften und auf Märkten.

SCHAFKÄSETERRINE IM SPINATMANTEL

20 min. (ohne Kühlzeit)

Die Zutaten (für 4 Portionen):

- 250 g Schaf-Frischkäse
- 100 g Räucherlachs
- 100 g geschlagenes Obers
- Saft einer Zitrone
- Salz, weißer Pfeffer
- 400 g Blattspinat
- 1 TL gehackte Dille
- 3 Blatt Gelatine
- Terrinenform

Die Zubereitung:

Zerkleinern Sie den Schafkäse. Verrühren Sie ihn gut mit Salz, weißem Pfeffer und Dille. Die eingeweichte Gelatine drücken Sie gut aus, um sie im warmen Zitronensaft aufzulösen. Rühren Sie das Ganze in die Käsemasse ein und heben Sie geschlagenes Obers unter. Dann blanchieren Sie den Blattspinat, schrecken ihn ab und drücken ihn gut aus. Nachdem Sie die Terrinenform mit Frischhaltefolie ausgekleidet und mit gewürzten Spinat-
1 blättern dick auslegt haben, sodass die Blätter gut fünf Zentimeter über den Rand hängen, füllen Sie ein Drittel der Käsemasse ein. Dann streichen Sie
2 die Masse glatt und legen Räucherlachsscheiben auf. Danach füllen Sie den Rest der Käsemasse ein und decken die Masse mit Spinatblättern ab. Stellen Sie das Werk ein paar Stunden kalt.

1

2

Vor dem Servieren stürzen Sie die Form, ziehen die Folie ab und schneiden die Terrine mit einem scharfen, dünnen Messer in drei Zentimeter dicke Scheiben. Zur Schafkäseterrine im Spinatmantel servieren Sie frisch getoastetes Brot und trockenen Weißwein.

Ein Tipp:

Statt dem Lachs können Sie auch eine geräucherte Forelle oder Gemüse, wie gekochte Karottenscheiben oder Brokkoli, verwenden.

SCHAFKÄSEPARFAIT MIT BALSAMICO-ERDBEEREN

30 min. (ohne Kühlzeit)

Die Zutaten (für 4 Portionen):

- 250 g frische Erdbeeren
- frisch gemahlener Pfeffer
- 4 EL Honig
- 4 EL Balsamicoessig
- 120 g Schafkäse
- 1/8 l Schafjoghurt
- 1/8 l Sauerrahm
- Salz, Pfeffer
- Kräuter der Saison
- 6 Blatt Gelatine
- 3 EL klare Rindsuppe
- 1/4 l Schlagobers

Die Zubereitung:

Erdbeeren vierteln. Honig und Balsamicoessig verrühren. Beträufeln Sie die Erdbeeren mit der Flüssigkeit und bestreuen Sie diese fein mit Pfeffer. Nachdem Sie den Schafkäse zerkleinert haben, rühren Sie ihn mit Joghurt, Sauerrahm und Gewürzen glatt. Kräuter fein hacken und dazugeben. Weichen Sie die Gelatine in kaltem Wasser ein. Gut ausgedrückt lösen Sie die Gelatine in der warmen Suppe auf, die Sie anschließend in die Schafkäsemasse rühren. Dann heben Sie geschlagenes Obers unter.

1

Legen Sie die Förmchen mit Frischhaltefolie aus und füllen die Käsemasse ein. Decken Sie die Masse mit Frischhaltefolie ab und stellen Ihr Werk für ein paar Stunden oder über Nacht in den Kühlschrank. Vor dem Servieren stürzen Sie das
1 Schafkäseparfait aus der Form und ziehen die Folie ab und servieren das Parfait mit Balsamico-Erdbeeren.

Ein Tipp:

Moccaschalen eignen sich gut als Förmchen.

ÜBERBACKENE TRAUBEN MIT KÄSESCHAUM

20 min.

Die Zutaten (für 4 Portionen):

- je 250 g helle und dunkle Trauben
- 2 Eier
- Salz
- 2 EL Maizena
- 300 g Frischkäse
- Sherry

Die Zubereitung:

Trauben waschen, entstielen, halbieren und bei
Bedarf entkernen. Legen Sie die Trauben eine
Stunde lang in Sherry ein. Während Sie den Back-
1 ofengrill vorheizen, füllen Sie die Trauben in feu-
erfeste Förmchen. Dann machen Sie sich an die
Ei-Käse-Creme: Eier trennen, Eiweiß mit einer
Prise Salz steif schlagen. Frischkäse mit einer Ga-
bel zerdrücken, mit Eigelb und Maizena flau-
mig rühren und unter den Eischnee heben. Dann
geben Sie die Ei-Käse-Creme auf die Trauben.
Grillen Sie jetzt die Mischung aus Trauben und
Ei-Käse-Creme 5–10 Minuten, bis der Käseschaum
leicht gebräunt ist. Vor dem Servieren mit Sherry
beträufeln.

1

Ein Tipp:

Wir empfehlen den Käseschaum mit gehackten und gerösteten Nüssen zu bestreuen.

BRATAPFEL MIT KÄSE-MARONI-FÜLLUNG

35 min.

Die Zutaten (für 4 Portionen):

- 4 saure, größere Äpfel
- 120 g Gouda
- 8 gekochte und in Rum marinierte Maroni (gibt es fertig zu kaufen)
- 2 Schalotten
- 12 Weinbeeren
- 4 Stängel frischer Majoran
- 6 EL Teebutter

Die Zubereitung:

Schwenken Sie Maroni und fein gehackte Schalotten in heißer Teebutter. Würfeln Sie den Käse und die vier Maroni klein, die Weintrauben halbieren Sie. Hacken Sie einen Teil des Majorans. Vermengen Sie vorsichtig Käse- und Maroniwürfel mit den Schalotten, dem gehackten Majoran und einem Teil der halbierten Trauben. Von den Äpfeln 1 das obere Drittel abschneiden, aushöhlen und mit der Käsemasse füllen. Bestreichen Sie die Schale der Äpfel mit flüssiger Teebutter und braten Sie die Äpfel im heißen Rohr gut 20 Minuten. Restliche Maroni, Trauben und Majoran eignen sich gut zum Dekorieren. Dazu servieren Sie Preiselbeersoße und Hollerröster.

1

Ein Tipp:

Zum Aushöhlen der Äpfel eignen sich sehr gut Erdäpfellöffel.

MARINIERTER CAMEMBERT

8 min. (ohne Einlegezeit)

Die Zutaten (für 4 Portionen):

- 4 kleine Camembert-Laibe
- 3/8 l Olivenöl
- 4 Knoblauchzehen
- Pfefferkörner
- Pimentkörner
- 4 Chilischoten
- Salz

Die Zubereitung:

1 Schneiden Sie den Camembert kreuzweise ein. Den Knoblauch samt Schale braten Sie kurz an, dann lösen Sie ihn aus. Legen Sie den Camembert gemeinsam mit den Knoblauchzehen, den Chilischoten, den Pfeffer- und Pimentkörnern 3 Tage lang in Olivenöl ein.

1

Ein Tipp:

Getoastetes Brot und Bier dazu schmecken wunderbar!

CAMEMBERT-QUICHES MIT FRÜCHTEN

45 min.

Die Zutaten (für 12 Stück):

- 2 Pkg. fertiger Blätterteig
- Teebutter und Brösel (für Muffinblech)
- 250 g Camembert
- 100 g Crème fraîche
- Salz, Pfeffer
- Früchte nach Saison
- Zitronenmelisse zum Garnieren

Die Zubereitung:

Fetten Sie die Mulden eines Muffinblechs (für 12 Stück) ein. Die Böden bestreuen Sie mit wenig Brösel. Aus den Teigblättern stechen Sie Kreise, die einen Durchmesser von – je Kreis – ungefähr 8 cm haben, aus. Den Rest legen Sie aufeinander (nicht verkneten) und rollen ihn aus. Stechen Sie weitere Kreise aus (insgesamt 12 Stück). Kreise in die Mulden legen, am Rand etwas hoch drücken. Böden öfter einstechen. Käse in kleine Würfel schneiden und auf dem Teig verteilen. Crème fraîche mit etwas Salz und Pfeffer verrühren, darübergießen.

Im heißen Ofen (E-Herd: 225 °C, Umluft: 200 °C, Gas: Stufe 4) backen Sie den Teig rund 20 Minuten. Währenddessen waschen Sie die Früchte und tupfen sie trocken – wenn es notwendig ist, können Sie die Früchte auch noch kleiner schneiden. Die Quiches lassen Sie rund 5 Minuten rasten. Dann lösen Sie die Quiches aus den Förmchen und garnieren sie mit Früchten und Zitronenmelisse.

Ein Tipp:

Dazu ist etwas Feigensenf hervorragend geeignet.

CAMEMBERT IM TEIGMANTEL

35 min.

Die Zutaten (für 4 Portionen):

- 125 g Teebutter
- 3 Pkg. fertigen Strudelteig
- 3 Stück Camembert
- ½ Bund Basilikum
- 250 g Himbeeren (frisch oder TK)
- 3 EL Balsamicoessig
- Salz, Pfeffer
- Pfefferminze

Die Zubereitung:

Schmelzen Sie die Teebutter bei mittlerer Hitze. Strudelteig ausbreiten, in vier gleich große Teile schneiden und mit etwas flüssiger Teebutter bepinseln. Den Käse vierteln. Basilikumblättchen abzupfen. Teigblätter mit Basilikum und Käsevierteln
1 belegen und zu Päckchen falten (Perfektionisten
2 binden ein Strudelband drum herum). Dann bepinseln Sie die Päckchen mit der restlichen Teebutter und setzen sie in eine Gratinform. Bei 180 °C 14 Minuten goldbraun backen.

Inzwischen lassen Sie die Himbeeren mit dem Balsamico-Essig 5 Minuten köcheln. Dann streichen Sie die Himbeeren durch ein Sieb und schmecken sie mit Salz und Pfeffer ab. Die Soße verteilen Sie auf dem Teller, darauf setzen Sie den Käse. Das Ganze garnieren Sie mit Himbeeren und Pfefferminzblättchen.

1

2

BRIE-SOUFFLÉ

40 min.

Die Zutaten (für 4 Portionen):

- 80 g geschälter Brie
- 30 g Butterschmalz
- 6 Eiweiß
- 6 Eigelb
- 50 g griffiges Mehl
- 4 EL Maizena
- 1/8 l warme Milch
- 1 Prise Salz
- 1 Prise Muskat
- Teebutter, Brösel oder Mehl für die Förmchen

Die Zubereitung:

Das Eiweiß schlagen Sie mit einer Prise Salz steif. Dann erwärmen Sie das Butterschmalz im Wasserbad und lassen den Brie bei milder Hitze darin zergehen. Mehl, Maizena und warme Milch rühren Sie abwechselnd in die Briemasse ein. Danach nehmen Sie den Topf vom Herd, füllen die Masse, die Sie mit Salz und Muskat würzen, in eine Schüssel. Den schaumig gerührten Dotter nach und nach mit dem Schneebesen einrühren. Heben Sie das steif geschlagene Eiweiß vorsichtig unter.

Füllen Sie die Masse in kleine ausgebutterte und bemehlte Förmchen zu zwei Drittel ein. Die Förmchen stellen Sie auf ein Backblech, das Sie vorher mit warmem Wasser einen Zentimeter hoch gefüllt haben. Die Förmchen backen Sie im vorgeheizten Backrohr bei 170 °C etwa 20 Minuten.

Ein Tipp:

Dazu passt gut Salat oder Fruchtsoße.

MARINIERTER MONDSEER

10 min.

Die Zutaten (für 4 Portionen):

- 500 g Schnittkäse (zB Mondseer)
- 1 rote Zwiebel
- 1 Blattsalatmischung
- je 1 grüner und roter Paprika
- Balsamicoessig
- Öl
- Salz
- Pfeffer aus der Mühle
- ½ Bund Petersilie
- 50 g Erbsenschoten
- 50 g Sojasprossen

Die Zubereitung:

Petersilie fein hacken, Salat putzen, waschen und in kleine Blätter zerpflücken. Geschälte Zwiebel und Käse dünnblättrig, Paprika würfelig schneiden und die Erbsenschoten halbieren.

Richten Sie die Käseblätter mit den Zutaten auf einem Teller an. Dann bestreuen Sie alles mit Sojasprossen, klein gewürfelten Paprika und Petersilie. Zum Schluss beträufeln Sie alles mit einer Marinade aus Essig, Öl, Salz und Pfeffer.

Ein Tipp:

Zwiebel lassen sich besser schälen, wenn man sie vorher ins heisse Wasser eintaucht.

10 min.

Die Zutaten (für 4 Portionen):

- 12 Quargel
- 2 rote Zwiebel
- Balsamicoessig
- Öl
- Schnittlauch
- Pfeffer

Die Zubereitung:

Zwiebel schälen und blättrig schneiden. Auf jeden Teller legen Sie Zwiebelringe und 3 Quargel, die Sie mit Essig und Öl beträufeln, mit Schnittlauch und Pfeffer bestreuen. Fertig zum Servieren.

Ein Tipp:

Die Quargeln eine halbe Stunde vor der Verwendung aus dem Kühlschrank nehmen.

FEINE KÄSESUPPE

40 min.

Die Zutaten (für 4 Portionen):

- 2 Zwiebel
- 1 Knoblauchzehe
- 4 mehlige Erdäpfel
- 3/4 l klare Rindsuppe
- 1 Becher Schlagobers
- 200 g Emmentaler
- Salz
- Pfeffer
- 1 Eigelb
- 1 Bund Petersilie
- 2 EL Olivenöl
- 1 Trüffelerdapfel (geht natürlich auch mit anderen Erdäpfel)
- Öl

Die Zubereitung:

Geschnittene Zwiebel in etwas Fett anrösten. Dann schneiden Sie die geschälten Erdäpfel in kleine Stücke und geben sie zu den Zwiebel. Erdäpfel und Zwiebel gießen Sie mit der Suppe auf, geben eine zerdrückte Knoblauchzehe dazu und lassen das Ganze rund 20 Minuten köcheln.

Inzwischen schälen Sie den Trüffelerdapfel, schneiden ihn in dünne Streifen, mehlieren und frittieren ihn. Die Petersilienblätter vermengen Sie mit Olivenöl und pürieren sie mit dem Mixstab. Als nächstes pürieren Sie auch die Erdäpfelsuppe, dann geben Sie kleine Stücke des geschnittenen Emmentalers und die zerdrückte Knoblauchzehe dazu. Den Käse lassen Sie zergehen. Jetzt nehmen Sie den Topf vom Herd und rühren das steif geschlagene Obers und ein verquirltes Eigelb ein. Die Suppe servieren Sie mit Petersiliencreme und Trüffelerdapfelstreifchen.

Ein Tipp:

Als Wein empfehlen wir einen harmonisch abgerundeten Weißburgunder.

KASPRESSKNÖDELSUPPE

30 min.

Die Zutaten (für 4 Portionen):

- 250 g Knödelbrot
- 2–3 Eier
- 0,7 l Milch
- 1 gehackte Zwiebel
- 50 g Teebutter
- 1 EL gehackte Petersilie
- Kümmel
- 125 g Bergkäse
- 125 g Quargel
- 2–3 EL Mehl
- Butterschmalz oder Öl zum Herausbacken
- 1 l Rindsuppe
- Salz

Die Zubereitung:

Lassen Sie die Mischung aus gesalzenem, mit Eiern und Milch durchtränktem Knödelbrot ziehen. Rösten Sie die Zwiebel in der Teebutter an. Geben Sie jetzt die gerösteten Zwiebel gemeinsam mit der Petersilie und dem Kümmel dem Knödelbrot bei. Schneiden Sie den Käse in Stücke und mischen Sie ihn mit dem Knödelbrot. Die Masse binden Sie mit Mehl und lassen Sie ein weiteres Mal gut 10 Minuten ziehen.

1 Daraus formen Sie Knödel, die Sie flach drücken und in Butterschmalz oder Öl herausbacken. Rindsuppe wärmen, salzen und die Knödel darin servieren.

1

Ein Tipp:

Die Knödel mit Salat servieren.

ZWIEBELSUPPE MIT BIER UND EMMENTALER

50 min.

Die Zutaten (für 4 Portionen):

- 75 g (6 EL) Teebutter
- 300 g Zwiebel, in dünne Scheiben geschnitten
- ½ TL Zucker
- 1 EL Weizenmehl
- 1 TL Tomatenmark
- 100 ml helles Bier
- 1 l Kalbs- oder Rinderfond
- 1 kleines dünnes Stangenweißbrot, oder 2 knusprige Brötchen, in dünne Scheiben geschnitten und getoastet
- 100 g geriebener Emmentaler
- Salz
- frisch gemahlener schwarzer Pfeffer

Die Zubereitung:

Lassen Sie Teebutter in einem schweren Topf zergehen. Darin braten Sie die Zwiebel mit Zucker bei geringer Hitze, mindestens 20 Minuten, bis die Zwiebel sehr weich, goldgelb und karamellisiert sind. Das Mehl und das Tomatenmark unterrühren und 2 Minuten mitgaren. Das Bier dazugießen, zum Kochen bringen und nach 1 Minute mit dem Fond aufgießen. Bei reduzierter Temperatur eine Viertelstunde sanft köcheln lassen, dann mit Salz und Pfeffer abschmecken.

Die Zwiebelsuppe in vier feuerfeste Suppentassen oder eine große Terrine füllen und mit den getoasteten Brotscheiben belegen. Verteilen Sie darauf die Käsescheiben. Stellen Sie die Suppentassen (oder die Terrine) unter den heißen Grill (oder in den heißen Backofen) bis der Käse schmilzt. Die Zwiebelsuppe so heiß wie möglich servieren.

Ein Tipp:

Sie können statt Emmentaler auch Camembert verwenden.

GRATINIERTE KÄSESUPPE

30 min.

Die Zutaten (für 4 Portionen):

- 80 g Teebutter
- 8 kleine gehackte Schalotten
- 4 Scheiben entrindetes Weißbrot
- 160 ml Rindsuppe
- 80 ml Schlagobers
- 320 g geriebener Bergkäse
- 240 g Frischkäse
- 40 ml Schlagobers
- Salz, Pfeffer

Die Zubereitung:

Lassen Sie die Schalotten in der Teebutter anlaufen. Dann geben Sie das entrindete, gewürfelte Weißbrot dazu, um es kurz mitzurösten. Jetzt gießen Sie Schalotten und Weißbrot mit Suppe und Schlagobers auf. Lassen Sie das Ganze aufkochen und geben Sie Frischkäse und 30 g Bergkäse dazu. Sobald das Ganze zergangen ist, greifen Sie zum Mixer, um den Inhalt zu pürieren. Abschmecken. Schlagobers schlagen, mit wenig Salz und Pfeffer abschmecken und den restlichen Bergkäse darunter heben.

Die Suppe in die Tasse einfüllen, einen Löffel vom Käseobers dazugeben und sofort bei starker Hitze gratinieren.

Ein Tipp:

Servieren Sie dazu gebuttertes, getoastetes Schwarzbrot, und einem kulinarischen Höhepunkt steht nichts im Weg.

MILCH – DER STOFF AUS DEM EIN GESUNDES STÜCK KÄSE IST

KÄSE ENTHÄLT EIWEISS, FETT, KOHLENHYDRATE UND KALZIUM ABER AUCH VIELE VITAMINE. DAS MACHT KÄSE ZU EINEM GENUSSVOLLEN, ABER AUCH BESONDERS WERTVOLLEN TEIL UNSERER TÄGLICHEN ERNÄHRUNG. WEIL KÄSE SEHR SORGFÄLTIG PRODUZIERT WIRD, BLEIBEN DIE WICHTIGEN INHALTSSTOFFE VOLL ERHALTEN. BEI DER HERSTELLUNG VON KÄSE WIRD BESONDERER WERT AUF DIE QUALITÄT DER MILCH GELEGT.

Kühe, Schafe und Ziegen, die reichlich frische Kräuter von saftigen Wiesen fressen, liefern die schmackhafte Milch für Käse. Das weiße Gold, die traditionellen Rezepte und die hohe Kunst des Handwerks machen Käse zu einer wohlschmeckenden Delikatesse.

Milch. Basis für hunderte Käsesorten.
Es erstaunt immer wieder, dass aus ein und demselben Stoff hunderte verschiedene Käsesorten gewonnen werden können. Werfen wir einen Blick auf das weiße Gold, auf die Milch. Sie besteht zu 85 Prozent aus Wasser, Milchzucker, Fett, Eiweiß, Mineralstoffe wie Kalzium und Phosphor, aus Spurenelementen, Vitaminen und Enzymen.

Die Zusammensetzung der Milch ist allerdings abhängig von der Tierart. Bei einem Schaf finden wir eine andere Zusammensetzung der Inhaltsstoffe als bei der Kuh oder bei der Ziege. Kühe, Schafe, Büffelkühe und Ziegen sind die Milchhauptlieferanten für ein breites Käsespektrum.

Während eine Kuh (abhängig von der Rasse) rund 5.000 bis 7.000 Kilogramm Milch pro Jahr liefert, produzieren Ziegen zwischen 500 und 900 Kilogramm und Schafe rund 500 Kilogramm. Die Inhaltsstoffe der Milch spielen eine unterschiedliche Rolle in der Herstellung von Käse. Der leicht süßliche Geschmack resultiert aus der Laktose, dem Milchzucker. Dieser Milchzucker spielt eine dominante Rolle als Stoffwechsel-Energiequelle für die Käsereikulturen. Käsearten mit einer Reifezeit von 3–6 Wochen und mehr, gelten als laktosefrei. Milchproteine sind ebenfalls besonders wichtig. Großteils handelt es sich um Kaseine und geringe Mengen an Molkenproteine. Die Kaseine werden zum Gerinnen gebracht und bilden so das Gerüst für andere Milchinhaltsstoffe.

Damit Käse sein Aroma entfalten und seinen unverwechselbaren Charakter ausspielen kann, sind eine Reihe an natürlichen, chemischen Prozessen Voraussetzung.

Die Milch-Beschaffenheit ist abhängig von:

- Tierart (Kuh, Schaf, Ziege, Büffel) und Rasse
- Futtermittel (gräserreiche Weidelandschaft oder eher kräuterreiche Almwiesen)
- Art der Tierhaltung (freie Weide mit viel Bewegung vs. Stallhaltung)

HEUMILCH MACHT KÄSE BESONDERS WERTVOLL

HEUMILCH IST JENE MILCH, DIE VON LANDWIRTEN UNTER FREIWILLIGEM VERZICHT AUF SILAGE[1] (SILOFUTTER) PRODUZIERT WIRD. FRÜHER NANNTE MAN DIESE MILCH HARTKÄSETAUGLICHE ODER SILOFREIE MILCH. HEUMILCH IST DAS PREMIUMPRODUKT DER MILCHWIRTSCHAFT. SIE HAT EINEN HOHEN GEHALT AN UNGESÄTTIGTEN FETTSÄUREN

Eine Heumilchkuh ernährt sich im Sommer ausschließlich von frischen Almgräsern, Wiesenkräutern und Blumen, im Winter frisst sie lediglich Heu. Zum notwendigen Nährstoffausgleich werden geringe Mengen an Kraftfutter, vor allem Getreide und Mineralstoffe zugefüttert. Rund 8.000 Heumilchbauern in Vorarlberg, Tirol, Salzburg, Oberösterreich und der Steiermark produzieren etwa 370 Millionen Kilogramm Heumilch.

Was macht Heumilch so besonders?

- die hohe Käsereitauglichkeit
- sehr niedriger Gehalt an Buttersäurebakterien
- und der besondere Geschmack.
  Aktuelle Untersuchungen bestätigen die ernährungsphysiologischen Vorteile der Heumilch.

Käse, wo kommst du denn her?

Am Grundprinzip der Käseherstellung hat sich in tausend Jahren Käsegeschichte nicht allzu viel geändert. Relativ einfach werden mit Hilfe von Lab[2] und Milchsäurebakterien die festen Inhaltsstoffe der Milch, das sind hauptsächlich Eiweiß und Milchfett, von den flüssigen getrennt. Der feste Bestandteil, Käsebruch, wird von der Molke getrennt, gepresst, gesalzen und ausgereift. Um dieses Handwerk wirklich zu beherrschen, ist viel Erfahrung notwendig.

Auf die Bruchgröße kommt es an

Die dick gelegte, gallertige Milch wird in der Regel mit einer so genannten Käseharfe geschnitten. Die sich daraus ergebenden Bruchkörner sind kleiner, wenn daraus später ein fester Käse werden soll. Der Bruch für Hartkäse, wie beispielsweise Emmentaler, wird auf Weizenkorngröße geschnitten, für Weichkäse wie Camembert haben diese Bruchstücke Walnussgröße. Für die Qualität des Bruches spielt aber auch die Temperatur eine große Rolle. Die Bruchstücke werden in sortentypische Formen abgefüllt und je nach gewünschter Konsistenz gepresst. Je mehr Wasser verloren geht, desto fester wird später der Käse. In einem Salzbad wird dem „Käserohling" weitere Flüssigkeit entzogen, gleichzeitig bildet sich eine natürliche Rinde, die ihn vor Austrocknung schützt. Salz gibt dem Käse mehr Würze und verbessert die Haltbarkeit. Ab jetzt beginnt der Käse seinen Reifeprozess und braucht viel Pflege.

Käsearten werden auf vielfältigste Weise unterschieden

- Ausgangsprodukt – Frischeste Milch von verschiedenen Tierarten (Kuh, Schaf, Ziege, Büffel)
- Herstellungsart
- Fettgehalt der Trockenmasse
  (F.i.T.: Fett in der Trockenmasse relativ)
- Festigkeit (Verhältnis Trockenmasse zu Wassergehalt)
- Käsereifung (verschiedene Reifungsarten zB Gärungsreifung für die großen Löcher beim Emmentaler)
- Geschmack und Verwendung

Wie viel Milch benötigt man für 1 Kilogramm Käse?

Je nach Herstellungsart wird dem Käse Wasser entzogen (Hartkäse mehr als Frischkäse). Für 1 Kilogramm Käse benötigt man zwischen 4 (zB Frischkäse) und 13 Liter (zB Hartkäse) pasteurisierte Milch oder Rohmilch. Für einen Laib Emmentaler mit einem Gewicht von 75–80 Kilogramm sind rund 1.000 Liter frische, silofreie Rohmilch nötig.

[1]Silage ist ein durch Gärung konserviertes Gras bzw. Grünfutter.

[2]Lab ist ein Eiweiß spaltendes Enzym, das ursprünglich aus den Mägen von Jungtieren der Wiederkäuer (Kälber, Lämmer, Kitze) gewonnen wurde, inzwischen aber oft mikrobiell oder pflanzlich hergestellt wird.

DIE KOSTBARKEITEN IM WEISSEN GOLD: MILCHEIWEISS UND MILCHFETT

Das Milcheiweiß

Eiweiß (Protein) ist als Baustoff von Muskeln, Gewebe, Hormonen, Enzymen u. a. für den Organismus lebensnotwendig. Wir können dieses Eiweiß nur über die Nahrung aufnehmen. Nicht jedes Nahrungsmittel liefert biologisch hochwertiges Eiweiß. Entscheidend ist die Proteinqualität, der Gehalt an jenen acht unentbehrlichen Aminosäuren, die der Körper nicht selbst herstellen kann. Die beiden Hauptkomponenten des Milcheiweißes sind Kasein (ca. 80 Prozent) und Molkenprotein (ca. 20 Prozent). Sie haben einen besonders hohen Gehalt an wichtigen Aminosäuren. Weil uns Milchprodukte mit erstklassigem Protein versorgen, sind sie in unserer Ernährung so wichtig. Für Kinder und Jugendliche während der Wachstumsphase sowie für Schwangere und Stillende ist Milch der ideale Eiweißspender. Denn Milch deckt den Mehrbedarf an Protein ab. Bereits ein Liter Milch liefert den Tagesbedarf an essenziellen Aminosäuren.

Milcheiweiß-Allergie

Milcheiweiß zählt zu jener Gruppe an Stoffen, die Allergien auslösen können. Davon betroffen ist zum Glück bei uns nur 1 Prozent der Erwachsenen. Bei diesen Menschen kann es nach dem Verzehr von Milchprodukten zu Überreaktionen des Immunsystems kommen. Symptome können Hautrötung, Juckreiz, Niesattacken, Atem- und Schluckbeschwerden oder Schwindelgefühl sein. Diese Art von Milchallergie darf nicht mit einer Laktoseunverträglichkeit verwechselt werden, welche sich dann ergibt, wenn über einen längeren Zeitraum auf den Genuss von Milchprodukten verzichtet wird. Übrigens, bei Schnitt- und Hartkäse ist ohnehin keine Laktose mehr enthalten, da sich diese im Reifeprozess abbaut. Bevor man gänzlich auf Milcherzeugnisse verzichtet, empfiehlt sich der Verträglichkeitstest in Bezug auf erhitzte bzw. angesäuerte Milcherzeugnisse. Das Milcheiweiß kann nämlich durch Erhitzen oder Ansäuern ebenfalls das allergene Potential verlieren.

Biologische Wertigkeit von Nahrungseiweiß im Vergleich:

	EIWEISS
Molke-Protein	104
Vollei	100
Kuhmilcheiweiß	91
Kasein	77
Sojaprotein	81
Kartoffeln	76
Weizenmehl	47

Das Milchfett

Fett ist nicht nur der größte Energiespeicher für den Körper, Fett schützt Organe vor mechanischem Druck, aber auch vor Kälte und Wärme. Außerdem ist Fett Träger der fettlöslichen Vitamine A, D, E und K sowie vieler Aromastoffe, die Lebensmittel erst so richtig schmackhaft machen. Milchfett gilt als das am besten bekömmliche Nahrungsfett! In einem Milliliter Milch tummeln sich Milliarden winziger Fettkügelchen. Diese feine Verteilung eröffnet den Enzymen eine besonders hohe Angriffsfläche. Die Folge: Fett ist im Nu verdaut. Verantwortlich dafür sind die kurzkettigen Fettsäuren. Charakteristisch für die Zusammensetzung des Milchfetts ist auch der Gehalt an gesättigten Fettsäuren sowie der Ölsäure – eine wichtige einfach ungesättigte Fettsäure. Aufmerksame Konsumenten wird die Bezeichnung „CLA"(Conjugated Linoleic Acid) bekannt sein! Diese konjugierten Linolsäuren sind Fettsäuren, die im Milchfett vorkommen. Studien sagen ihnen mögliche gesundheitsfördernde Potentiale nach. Milch hat ihren eigenen Zucker. Die Laktose. Sie kommt nur in Milch und Milchprodukten vor, zu etwa 4,5–5 Prozent. Milchzucker ist etwas ganz Besonderes. Denn Milchzucker verbessert die Aufnahme von Kalzium und anderen Wirkstoffen aus dem Darm. Milchzucker sorgt für eine gesunde Darmflora. Laktose wird im oberen Verdauungstrakt nicht zur Gänze in seine zwei Bestandteile (Glukose und Galaktose) gespalten. So gelangen diese geringen Mengen in untere Dickdarmregionen, wo sie von Milchsäurebakterien zu Milchsäure (Laktat) abgebaut werden. Dadurch entwickelt sich ein saures Milieu, das das Wachstum unerwünschter Bakterien hemmt. Die Süßkraft der Laktose ist um zwei Drittel geringer als die der Saccharose (Haushaltszucker). Die charakteristische milde, feine Süße trägt zum vollmundigen Geschmack von Milch und Milchprodukten bei. Beim Menschen dominiert die rechtsdrehende Form des Stoffwechsels. Diese Form kann mühelos abgebaut und verwertet werden. Die milde Säure hält den pH-Wert im Magen-Darm-Trakt konstant. Daraus ergibt sich ein Vorteil für das Gleichgewicht der Darmflora. Die Ausbreitung von Krankheitserregern wird gehemmt und die Schadstoffausscheidung gefördert. Die linksdrehende Milchsäure wird vorwiegend von Mikroorganismen gebildet. Man findet sie in Jogurt, Käse oder Sauerkraut. Der Mensch baut auch diese Milchsäure ab, jedoch langsamer als die körpereigene Form. Für den gesunden Organismus spielt die Form der Milchsäure keine Rolle. In der Säuglingsernährung sollte aber bis zur Vollendung des ersten Lebensjahres auf Sauermilchprodukte verzichtet werden, weil das Verdauungssystem noch nicht voll ausgereift ist.

Laktoseintoleranz

Milchzucker wird durch ein spezielles Enzym, die Laktase, im Dünndarm abgebaut. Nach dem Abstillen verlieren drei Viertel der Weltbevölkerung die Fähigkeit, Laktose zu spalten – regional geschieht das in sehr unterschiedlichem Ausmaß. Häufig passiert es gerade dann, wenn auf eine der besten Kalziumquellen wie Milch und Milchmischgetränke eher verzichtet wird. Daher ergeben sich global auch unterschiedliche Bevölkerungsanteile, die unter einer Laktoseintoleranz leiden. Sind es nur 3 bis 8 Prozent der Skandinavier, und immerhin bereits 15 bis 20 Prozent der Österreicher, so büßen etwa 87 Prozent der Asiaten und 98 Prozent der Afrikaner ihre Laktaseaktivität ein.

Kräutersalat mit gegrilltem Camembert, Seite 60

SALATE UND SNACKS

SALATE

SNACKS

10 min. / Portion

Für je 4 Portionen Salat

Salatsoße mit Ziegenkäse:

Die Zutaten:

70 g Ziegenfrischkäse
40 ml Joghurt
1½ EL Sherry-Essig
3–4 EL Olivenöl
Salz und frisch gemahlener Pfeffer
1 TL frisch gehackter Thymian

Die Zubereitung:

Käse durch ein Sieb streichen und mit Joghurt zu einer glatten Masse verrühren. Zuerst den Essig, dann nach und nach das Olivenöl unterrühren. Falls nötig mit Salz und Pfeffer abschmecken und zum Schluss Thymian untermengen. Diese Salatsoße eignet sich besonders für knackige Salate wie Eisberg- oder Feldsalat.

Salatsoße mit geriebenem Bergkäse:

Die Zutaten:

3 EL Crème fraîche
5 EL Magerjoghurt
60 g geriebener Bergkäse
2–3 fein gehackte Sardellenfilets
1 kleine, gepresste Knoblauchzehe
2–3 EL Rotwein- oder Weißweinessig
Salz und frisch gemahlener Pfeffer

Die Zubereitung:

Crème fraîche mit Joghurt und geriebenem Käse glatt rühren. Mischen Sie die Sardellenfilets mit dem Knoblauch unter die Soße, mit Essig abschmecken. Salz und Pfeffer werden Sie kaum brauchen, da der Käse und die Sardellenfilets ausreichend Salz und Schärfe mitbringen.

Österkron-Salatsoße:

Die Zutaten:

60 g Österkron
2 EL Joghurt
1–2 EL Schlagobers
1–2 EL Zitronensaft
2–3 EL Haselnussöl
Salz und frisch gemahlener Pfeffer

Die Zubereitung:

Österkron durch ein Sieb streichen, mit Joghurt, Schlagobers und Zitronensaft glatt rühren. Nach und nach das Öl einarbeiten, eventuell mit Salz und Pfeffer abschmecken. Die Österkron-Salatsoße eignet sich für eine Vielzahl von Salaten wie zB Kopfsalat, Kresse u.a.

ARABISCHER SALAT MIT KÄSE

10 min.

Die Zutaten (für 4 Portionen):

- Saft von 2 Zitronen
- 1 Avocado
- 3 Birnen
- 1 TL Honig
- 1 Blattsalat
- 1 EL Balsamicoessig
- 2 EL Olivenöl
- 125 g Rosinen
- Kerne von 1 Granatapfel
- Salz, Pfeffer
- 200 g Schafkäse oder Hartkäse (Asmonte)

Die Zubereitung:

Geben Sie den gewaschenen und zerteilten Salat in eine Schüssel. Schneiden Sie Birne und Avocado in Spalten und legen Sie die Früchte in Zitronensaft. Birne und Avocado mischen Sie gemeinsam mit den Rosinen zum Salat. Brechen Sie den Käse und mengen Sie ihn in den Salat. Als Marinade verwenden Sie eine Mixtur aus Öl, Essig und Honig. Ist die Marinade gut gemischt und gesalzen, träufeln Sie sie über den Salat. Zum Schluss bestreuen Sie den Salat mit Granatäpfelkernen.

Ein Tipp:

Dazu empfehlen wir getoastetes Weißbrot.

BUNTER SALAT

15 min.

Die Zutaten (für 4 Portionen):

- 2 Jungzwiebel
- 2 Minigurken
- diverse Blattsalate
- 250 g Cocktailtomaten
- 300 g Gouda
- 4 EL Olivenöl
- 2 EL Sherry-Essig
- 1 TL süßer Senf
- Salz, Pfeffer
- 1 Knoblauchzehe

Die Zubereitung:

Zerkleinern Sie den gewaschenen Blattsalat. Zwiebel und Gurken schneiden Sie feinblättrig. Tomaten vierteln Sie und den Käse schneiden Sie würfelig. Essig, Öl, Senf, Salz und Pfeffer im Rührbecher mit dem Mixstab zu einer cremigen Soße aufschlagen, zerpressten Knoblauch dazu geben und mit Salat vorsichtig vermengen.

Ein Tipp:

Man kann auch mit Gartensauerampfer, Kapuzinerkresse, Wildspargel usw. den Salat zu einer Gaumen- und Augenweide machen.

KÄSE-RINDFLEISCH-SALAT MIT KERNÖL

30 min.

Die Zutaten (für 4 Portionen):

- 400 g Gouda
- 400 g gekochtes, mageres Rindfleisch
- 2 rote Zwiebel
- Salz
- Pfeffer
- 2 rote Äpfel
- 1 Stange Lauch
- Kürbiskernöl
- 2 cl Calvados
- 3 EL naturtrüber Apfelsaft
- 1/16 l Apfelessig aus Natursaft
- einige Blätter Eisbergsalat
- Petersilie

Die Zubereitung:

Schneiden Sie das Rindfleisch in sehr feine Scheiben. Nachdem Sie Äpfel und rote Zwiebel in dünne Spalten und den Lauch in dünne Ringe geschnitten haben, vermischen Sie das Ganze mit Calvados, einer Marinade aus Apfelsaft, Apfelessig, Salz und Pfeffer. In Salatblättern anrichten und mit reichlich Kürbiskernöl und Petersilie verfeinern.

Ein Tipp:

Wenn man die Apfelspalten mit etwas Zitronensaft beträufelt, bleibt die Farbe des Fruchtfleisches länger frisch.

KRÄUTERSALAT MIT GEGRILLTEM CAMEMBERT

20 min.

Die Zutaten (4 Portionen):

- 160 g gemischte Kräuter (zB: Kerbel, Petersilie, Estragon; auch Wildkräuter eignen sich gut)
- 2 kleine Packungen Brunnenkresse
- 125 g Heidelbeeren
- 3 EL Estragon-Essig
- 2 TL grobkörniger Dijon-Senf
- 2 TL Ahornsirup
- 2 TL Honig
- Salz, Pfeffer aus der Mühle
- 7 EL Olivenöl
- 2 Schalotten
- 4 Knoblauchzehen
- 4 kleine Camembert-Laibe

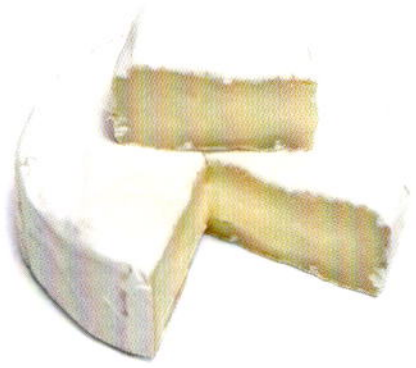

Die Zubereitung:

Zupfen Sie die Blätter der gemischten Kräuter von ihren Stängeln. Dann waschen Sie Kräuter und Brunnenkresse und schütteln sie trocken. Gewaschene Heidelbeeren trocken tupfen, eventuell halbieren und mit den Kräutern in einer Schüssel vermischen. Für die Vinaigrette verrühren Sie in einer kleinen Schüssel mit dem Schneebesen Essig, Senf, Ahornsirup, Salz und Pfeffer. Nach und nach schlagen Sie 6 Esslöffel Öl unter. Schalotten schälen, in feine Würfel schneiden und unter die Vinaigrette rühren. Den Knoblauch schälen und in dünne Scheiben schneiden. Das restliche Öl in einer Pfanne erhitzen. Darin braten Sie die Knoblauchscheiben goldbraun.

Schalten Sie den Backofengrill ein. Käse mit Honig bestreichen, auf ein mit Backpapier ausgelegtes Backblech geben. Lassen Sie den Käse unter dem Grill etwa zwei Minuten grillen. Den Salat mit der Vinaigrette vermischen und anrichten. Setzen Sie den Käse mit einer Palette darauf und streuen Sie die gerösteten Knoblauchscheiben über den Salat.

Ein Tipp:

Bei diesem extravaganten Salat gibt Ihnen das Variieren an Kräutern und Blumen wie zB Stiefmütterchen, Gänseblümchen und Rosenblätter immer ein neues Geschmackserlebnis.

GEFÜLLTER CAMEMBERT

15 min. (ohne Kühlzeit)

Die Zutaten (für 4 Portionen):

- 2 kleine Camembert-Törtchen (à 250 g)
- 4 Scheiben Pumpernickel

für die Fülle:

- 1/4 roter Paprika
- 1/4 grüner Paprika
- 1 Jungzwiebel
- 2 Pkg. Gartenkresse
- 1 Becher Crème fraîche
- 100 g Gervais
- 1 EL gehackte Petersilie
- Salz, Pfeffer

Die Zubereitung:

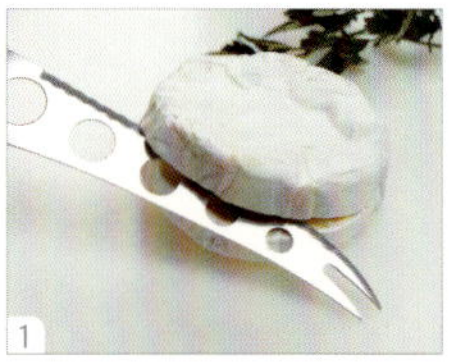

1

2

Gewaschenen Paprika vierteln, von Strünken und Kernen befreien. Dann schneiden Sie den Paprika klein würfelig und hacken die Jungzwiebel fein. Die Kresseblättchen schneiden Sie am besten mit einer Schere von den Stielen. Crème fraîche und Gervais gut verrühren, mit Salz und Pfeffer würzen. Paprika, Kresse, Jungzwiebel und Petersilie untermischen. Den gut gekühlten Camembert schneiden Sie mit einem dünnen, scharfen
1 Messer in der Mitte horizontal durch. Pumpernickel in der Größe der Camembert-Törtchen rund zuschneiden. Zwei Camembert-Hälften mit je einer Scheibe Pumpernickel belegen. Streichen Sie
2 die Kräutermasse auf die Pumpernickelscheibe. Restliche Pumpernickelscheiben und die übrigen Camembert-Hälften darauf setzen und behutsam andrücken.

Den gefüllten Käse wickeln Sie in eine Frischhaltefolie, um sie dann im Kühlschrank rund eine Stunde ziehen zu lassen. Vor dem Servieren wickeln Sie den Käse aus und schneiden ihn in gleich große „Tortenstücke".

Ein Tipp:

Als Wein empfehlen wir Sauvignon Blanc.

FRUCHTIGER KÄSESALAT

15 min.

Die Zutaten (für 4 Portionen):

- 250 g Emmentaler
- 1 grüner Apfel
- 100 g Mandarinen
- 120 g Erdbeeren
- 150 g Weintrauben, blau und grün
- 1 EL Joghurt
- 1 TL Senf
- 3 EL Schlagobers
- Cayennepfeffer
- 1 TL Balsamico-Essig, weiß

Die Zubereitung:

Schneiden Sie den Emmentaler oder einen anderen pikanten Schnittkäse in kleine, 2 cm lange Streifen. Den Käse geben Sie in eine Salatschale. Dann vierteln Sie einen säuerlichen Apfel. Vom Kerngehäuse befreit schneiden Sie ihn in Spalten. Vermischen Sie die Apfelspalten mit den Käsestreifen. Erdbeeren halbieren und mit dem Käsesalat mischen. Verwenden Sie möglichst kernlose Weintrauben, die Sie waschen, trocknen und mit dem fruchtigen Käsesalat vermischen. Gibt es keine kernlosen Weintrauben zu kaufen, halbieren Sie einfach die Trauben und nehmen die Kerne heraus.

Aus Joghurt, Senf und Schlagobers rühren Sie eine Salatcreme, die Sie mit einer Messerspitze voll Cayenne und weißem Balsamico-Essig würzen, an. Vermischen Sie den fruchtigen Käsesalat mit dem Dressing und lassen Sie im Kühlschrank gut eine halbe Stunde ziehen.

Ein Tipp:

Zum fruchtigen Käsesalat besonders gut geeignet: frisches Baguette.

KÄSE-CIABATTA

40 min. (ohne Rastzeit)

Die Zutaten (für 18 Stück):

- 750 g Weizenmehl
- 40 g frischer Germ
- ½ l lauwarmes Wasser
- 1 TL Zucker
- 10 ml Olivenöl
- 2 EL schwarze Oliven
- 2 EL getrocknete Tomaten
- 3 TL Salz
- 300 g Moosbacher oder Drautaler
- 1 gestrichener EL Brotgewürz (Kümmel, Fenchel, Anis, Koriander)

Die Zubereitung:

Moosbacher, Oliven und getrocknete Tomaten klein würfelig schneiden und Mehl in eine Schüssel geben. Käse, Oliven- und Tomatenwürfel sowie Zucker dazugeben und gut vermischen. Germ in lauwarmem Wasser auflösen, dazugeben und vermengen. Dann geben Sie warmes Wasser, Öl, Salz und Gewürze dazu und bereiten daraus einen Teig, den Sie gut durchkneten. Den Teig lassen Sie bei Zimmertemperatur rund eine Stunde, mit einem Geschirrtuch zugedeckt, aufgehen.

Daraus formen Sie kleine Laibchen, die Sie auf ein mit Backpapier belegtes Blech legen und noch einmal rund 20 Minuten zugedeckt aufgehen lassen. Die Laibchen backen Sie dann im vorgeheizten Backrohr bei 220 °C rund 25 Minuten.

Ein Tipp:

Schmeckt ausgezeichnet mit Rohschinken und einem Glas Zweigelt.

GEFÜLLTES BROT

30 min. (ohne Kühlzeit)

Die Zutaten (für 8-10 Portionen):

- 1 Weißbrotwecken
- 250 g (20 % F.i.T.) Topfen
- 250 g Teebutter
- 300 g beliebige Wurst oder Schinken
- 4 Stück Essiggurkerl
- 300 g Emmentaler
- 4 hart gekochte Eier
- 1 roter und 1 grüner Paprika
- 1 EL Kapern
- 1 kleine Zwiebel
- 1 Becher Crème fraîche
- Senf
- etwas Paprikapulver und Pfeffer
- Salz

Die Zubereitung:

1 Den halbierten Wecken höhlen Sie aus. Dann verrühren Sie mit einem Mixer Topfen, Teebutter, Crème fraîche und Gewürze. Wurst, Käse, Eier, Gurkerl, Paprika und Zwiebel schneiden Sie kleinwürfelig, um sie in die Topfenmasse einzurühren.
2 Gut abschmecken. Fest in die Brothälften einfüllen, dann drücken Sie die Brothälften zusammen und wickeln sie in Alufolie.

1

2

Lassen Sie die Brothälften eine Nacht im Kühlschrank rasten, um Sie am nächsten Tag in Scheiben zu schneiden und zu servieren.

Ein Tipp:

Kann rund einen Tag vor einem Fest zubereitet werden.

GRATINIERTE KÄSEBROTE

10 min.

Die Zutaten (für 8 Stück):

- 8 Scheiben Weißbrot
- 8 Scheiben Beinschinken
- 8–16 Scheiben Emmentaler oder Gouda
- 2 Tomaten
- Schnittlauch
- 100 g Teebutter

Die Zubereitung:

Bestreichen Sie die Weißbrotscheiben mit Teebutter. Dann rösten Sie die Scheiben beidseitig kurz an, belegen sie mit Schinken, einer Scheibe Tomate und Käse. Überbacken Sie die Brote im heißen Rohr, bis der Käse schmilzt. Zum Bestreuen der Brote verwenden Sie Schnittlauch.

Ein Tipp:

Eine wahre Gaumenfreude ist auch dunkles Brot oder Ciabatta. Zum Überbacken eignen sich aber auch diverse Weichkäsesorten wie Münsterkäse oder St. Severin.

GEBACKENE KÄSE-SANDWICHES

15 min.

Die Zutaten (für 4 Portionen):

- 8 dünne Weißbrotscheiben
- 8 dünne Emmentaler oder Gouda
- 4 dünne Schinkenscheiben
- 2 Eier
- 50 g Teebutter
- 50 g Mehl
- 100 g geriebenen Emmentaler
- Öl zum Herausbacken

Die Zubereitung:

Legen Sie auf hauchdünn mit Teebutter bestrichene Weißbrotscheiben eine Scheibe Käse. Darauf kommt eine Scheibe Schinken, die vorher in verschlagenen Eiern gewendet wurde. Darauf legen Sie wieder eine Scheibe Käse, dann geben Sie eine Weißbrotscheibe darüber. Drücken Sie das Sandwich zusammen und legen Sie es in Mehl, Ei und geriebenen Käse. Dann braten Sie das Käse-Sandwich in heißem Fett beidseitig goldbraun.

Ein Tipp:

Zu diesem Snack passen Oliven und ein trockener Riesling.

PIKANTER KÄSE-GUGELHUPF

80 min. (ohne Rastzeit, inkl. Backzeit)

Die Zutaten (für 10-12 Portionen):

- 500 g griffiges Weizenmehl
- 30 g Germ
- 2 TL Salz
- 1 TL gestoßener Kümmel
- 1 TL Anis
- 40 g Teebutter
- 100 g Topfen
- 2 Dotter
- 1/4 l lauwarme Milch
- 1 fein gehackte Zwiebel
- 150 g klein gewürfelter Weichkäse mit Rotkultur (zB Rosso, Schlierbacher, etc.)
- 100 g klein gewürfeltes Geselchtes

Die Zubereitung:

Geben Sie das Mehl in eine Schüssel, lösen Sie die Germ in lauwarmer Milch auf, dann rühren Sie Dotter und weiche Teebutter (keine heiße Teebutter verwenden!) schaumig. Das alles vermengen Sie mit dem Mehl. Rühren Sie den passierten Topfen samt Gewürze ein. Dann treiben Sie das Ganze fein ab und erst jetzt geben Sie Münsterkäse samt dem Geselchten dazu.

Die Form gut mit Teebutter ausfetten und mit Mehl oder Brösel ausstauben. Dann füllen Sie den Teig ein. Die Form muss zu drei Viertel voll sein. Stellen Sie die Form in die Wärme und lassen den Teig aufgehen. Ist der Teig voll aufgegangen, backen Sie den Gugelhupf im vorgeheizten Backrohr (170 °C) rund eine Stunde.

Ein Tipp:

Dazu empfehlen wir Landwein und Oliven.

Für je 4–6 Portionen

Gervais-Quargel-Aufstrich: 15 min.

Die Zutaten:

4 Stück Quargel
60 g Gervais
120 g Teebutter
1 kleine Zwiebel
Salz

Die Zubereitung:

Quargel fein passieren und unter die schaumig gerührte Gervaisbutter rühren. Feingehackten Zwiebel dazurühren und mit Salz abschmecken.

Feiner Österkron-Aufstrich: 15 min.

Die Zutaten:

200 g Teebutter
150 g Österkron
Salz

Die Zubereitung:

Käse fein passieren, zur abgetriebenen Teebutter geben und mit Salz würzen.

Jerome-Aufstrich: 25 min.

Die Zutaten:

100 g geriebener Jerome
1 Becher Crème fraîche
1 hart gekochtes, gehacktes Ei
1 EL gehackte Zwiebel
1 EL gehackte Essiggurkerl
Salz
Pfeffer
Senf

Die Zubereitung:

Die Zutaten gut vermengen und nach Belieben mit frischen Kräutern bestreuen.

Liptauer: 25 min.

Die Zutaten:

200 g Brimsen (Frischkäse aus Schaf-Milch)
200 g Teebutter
1 EL fein gehackte Kapern
1 fein gehacktes Sardellenfilet
1 EL Paprikapulver
1 TL gemahlener Kümmel
1 TL Senf
Salz
1 Bund Schnittlauch

Die Zubereitung:

Brimsen mit der Gabel gut zerdrücken. Teebutter schaumig rühren und mit Brimsen und den restlichen Zutaten gut vermengen.

Käsebrandteigkrapfen gefüllt mit Schafkäse-Creme: 60 min.

Die Zutaten (für ca. 20 Stück):

für Käsebrandteigkrapferl:
1/8 l Milch
1/8 l Wasser
150 g geriebener Bergkäse
125 g Teebutter
1/2 TL Salz
220 g Mehl
5–6 Eier
grobes Salz und Kümmel

für die Schafkäse-Creme:
150 g Schaffrischkäse
150 g Doppelrahmfrischkäse
60 g geriebener Bergkäse
Salz, Pfeffer
1/4 l geschlagenes Schlagobers

Die Zubereitung:

Lassen Sie in einer Kasserolle Wasser, Milch, Teebutter und Salz aufkochen. Das Mehl geben Sie auf einmal in die kochende Flüssigkeit. Die Masse sofort mit einem Kochlöffel glatt rühren. Für das Abbrennen der Masse den Teig so lange rühren, bis sich ein Kloß bildet und eine weiße Haut den Topfboden überzieht. Füllen Sie den Teig in eine Rührschüssel und lassen Sie ihn abkühlen. Eier nacheinander zum Teig geben. Dann fügen Sie den geriebenen Käse dazu und rühren ihn zur Gänze unter. Auf den Boden des Backrohrs stellen Sie eine Tasse Wasser. Teigmasse in einen Spritzbeutel füllen und auf ein mit Backpapier belegtes Blech kleine Rosetten spritzen. Im vorgeheizten Backrohr bei 220 °C ca. 20 Minuten lang backen. Alle Zutaten, außer Schlagobers, mit dem Schneebesen gut vermengen. Dann heben Sie das Obers unter und füllen damit die halbierten Krapfen.

Cracker mit Österkron-Creme: 20 min.

Die Zutaten (für ca. 20 Stück):

120 g Österkron
50 g Topfen
50 g geriebener Parmeduro
3 EL Crème fraîche
1 TL Paprikapulver
Salz, Pfeffer
Eingelegte Pfefferoni
Cracker

Die Zubereitung:

Zerdrücken Sie Österkron und Topfen mit einer Gabel. Geben Sie alle Zutaten bis auf die Pfefferoni zum zerdrückten Käse. Rühren Sie das Ganze cremig und füllen damit einen Spritzsack und spritzen kleine Rosetten auf die Cracker. Zur Dekoration verwenden Sie die Pfefferoni.

Mürbteigschüsserl gefüllt mit Camembert-Creme: 20 min.

Die Zutaten (für ca. 20 Stück):

Mürbteigschüsserl (gibt es fertig zu kaufen)
200 g Camembert
30 g weiche Teebutter
1 Eigelb
1 EL fein gehackte Zwiebel
Salz
weißer Pfeffer
4 EL Schlagobers
1 Glas Forellenkaviar
1 Zitrone
Kresse
Dille

Die Zubereitung:

Den weichen Camembert entrinden, zerdrücken, und mit Teebutter und Eigelb glatt rühren. Dann Zwiebel, Salz, Pfeffer und Schlagobers einrühren, cremig rühren und mit einem Spritzsack die Creme in die Schüsserl füllen. Zur Dekoration verwenden Sie Forellenkaviar, kleine Zitronenspalten, Dille und Kresse.

Stanitzel gefüllt mit Bergkäse: 20 min.

Die Zutaten (für ca. 20 Stück):

20 Stanitzel (fertiges Salzgebäck)
100 g fein geriebener Bergkäse
100 g Doppelrahmfrischkäse
Salz, Pfeffer, fein gehackte Kräuter
4 EL geschlagenes Schlagobers
1 zerdrückte Knoblauchzehe

Die Zubereitung:

Legen Sie vom geriebenen Bergkäse 3 Esslöffel für die Dekoration beiseite. Frischkäse schaumig rühren, geriebenen Käse und Gewürze sowie Kräuter unterrühren, das steif geschlagene Obers unterheben. Verwenden Sie einen Spritzsack mit kleiner Tüll um die Stanitzel mit der Creme zu füllen. Bestreuen Sie dann die Stanitzel mit dem übrig gebliebenen Bergkäse.

VORARLBERGER KASFLADEN

60 min.

Die Zutaten (für 4 Portionen):

für den Teig:

- 400 g Mehl
- 40 g Germ
- 1-2 EL Öl
- 1/4 l warmes Wasser
- Salz

für den Belag:

- 4 Zwiebel
- 1 Bund Petersilie
- 400 g geriebener Bergkäse
- 200 g geselchter Kochspeck (mager)
- 1 EL Teebutter
- 3 Eier
- Milch
- Salz
- Pfeffer
- Muskatnuss

Die Zubereitung:

Aus Mehl, Germ, Öl, warmem Wasser und Salz rühren Sie einen Teig, den Sie eine Zeit lang aufgehen lassen. Zwiebel schälen und in feine Streifen schneiden. Petersilie abzupfen und hacken. Bergkäse reiben, Kochspeck klein-würfelig schneiden. Teebutter mit Zwiebel, Bergkäse, Kochspeck, Eiern und etwas Milch verrühren. Mit Salz, Pfeffer, Muskatnuss und gehackter Petersilie abschmecken. Dann legen Sie den Teig auf einem Blech oder einer großen, runden Form aus, bestreichen ihn mit der Käse-Speck-Masse und backen ihn im Rohr bei 180–200 °C rund eine halbe Stunde.

Ein Tipp:

Den Germteig immer auf einem warmen, zugfreien Ort zugedeckt aufgehen lassen.

KÄSE-BISKUITS

20 min.

Die Zutaten (für 20 Stück):

- 2 Eier
- 2 EL Milch
- 60 g geriebener Emmentaler
- 60 g Mehl
- 1 TL Backpulver
- Kümmel
- Salz
- Zitronenpfeffer

Die Zubereitung:

Vermengen Sie Eier, Milch, Emmentaler, Gewürze und Mehl, das mit Backpulver vermischt ist. Die Mischung rühren Sie zu einem Teig. Diese Masse streichen Sie auf ein befettetes Blech. Zum Bestreuen verwenden Sie Kümmel. Backen Sie den Teig goldgelb. Das dauert rund 7 Minuten. Sobald das Biskuit überkühlt ist, schneiden Sie die Käsebiskuits in Vierecke.

Ein Tipp:

Die Käsebiskuits machen auch als Suppeneinlage eine gute Figur!

GEDREHTE KÄSESTANGEN

40 min.

Die Zutaten (für 4 Portionen):

- 1 Packung Blätterteig
- 1 Eidotter
- 60 g geriebener Emmentaler
- schwarzer Pfeffer
- 1 gestrichener TL edelsüßes Paprikapulver
- Kümmel

Die Zubereitung:

Rollen Sie den Teig zu einer Platte von 20–40 cm aus. Die eine Hälfte bestreichen Sie mit verquirltem Eidotter, streuen Käse drauf, würzen sie mit Pfeffer und Paprika, die andere Hälfte klappen Sie darüber. Dann rollen Sie den Teig mit dem Nudelholz mehrmals aus, um ihn schlussendlich wieder zusammenzuschlagen. Schneiden (1) Sie jetzt den Teig in 1 cm dicke Streifen und drehen Sie daraus Spiralen. Bestreichen Sie den Teig mit dem restlichen Eidotter und bestreuen ihn mit Kümmel. Legen Sie die Käsestangen auf das mit kaltem Wasser abgespülte Backblech und lassen Sie die Stangen 10 Minuten rasten.

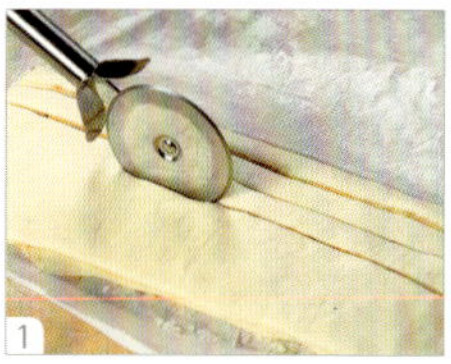
1

Dann backen Sie die Stangen im vorgeheizten Backofen bei 210 °C zwischen 8–10 Minuten hellbraun. Achten Sie beim Backen darauf, dass das Käsegebäck nicht zu dunkel wird, sonst schmeckt es bitter!

Ein Tipp:

In einer Frischhaltefolie hält das Gebäck eine Woche, aber frisch schmeckt es am Besten.

KNUSPERSTANGEN

15 min.

Die Zutaten (für 4 Personen):

- 1 Eiweiß
- 30 g Mehl
- 50 g Frischkäse
- Salz, Pfeffer
- Öl zum Ausbacken

Die Zubereitung:

Nachdem Sie den Frischkäse glatt gerührt haben, rühren Sie Mehl und 2 EL Wasser ein. Zum Würzen verwenden Sie Salz und Pfeffer. Schlagen Sie das Eiweiß steif, rühren Sie es in den Teig ein und lassen Sie den Teig rund 10 Minuten quellen.

1 Füllen Sie die Masse in einen Spritzbeutel. Spritzen Sie die Masse in dosierten Portionen ins heiße Fett. Im Fett backen Sie die Nudeln goldgelb aus, um sie dann mit einer Schaumkelle herauszunehmen und auf Küchenpapier abtropfen zulassen.

Ein Tipp:

Die Knusperstangen eignen sich auch vorzüglich als Suppen- oder Salateinlage.

Einen intensiveren Geschmack erziehlen Sie wenn Sie den Frischkäse durch Ziegenkäse ersetzt.

10 min. (je Sorte)

Paprika-Kleeblätter aus Bergkäse

Die Zutaten (für ca. 5–6 Stück):

100 g Bergkäse
Paprikapulver

Die Zubereitung:

Drücken Sie die etwa 1 cm dicken Scheiben, die als Kleeblätter ausgestochen sind, in edelsüßes Paprikapulver.

Gouda-Österkronwürfel

Die Zutaten (für ca. 15 Stück):

100 g Gouda
100 g Österkron
Weintrauben
Zahnstocher

Die Zubereitung:

Legen Sie ½ cm starke Goudascheiben und ½ cm dicke Österkronscheiben aufeinander. Daraus schneiden Sie Quadrate im Format 3 x 3 cm. Zum Garnieren verwenden Sie Weintrauben.

Moosbacher-Ildefonso

Die Zutaten (für ca. 18 Stück):

100 g Moosbacher
4 Scheiben Pumpernickel
Kapernbeeren

Die Zubereitung:

Legen Sie Pumpernickel und ½ cm dicke Moosbacherscheiben abwechselnd aufeinander. Dann schneiden Sie sie in 3 x 3 cm breite Quadrate. Die Quadrate belegen Sie mit Kapernbeeren.

Ein Tipp:

Sie können natürlich die verschiedenen Käsesorten auch mit anderen Delikatessen kombinieren wie zB mit Speck, Salami, Kräutern, Nüssen, Oliven, etc.

Paprika-Räucherkäse-Türmchen

Die Zutaten (für ca. 9 Stück):

100 g steir. Rauchkäse
1 großer roter Paprika
1 großer grüner Paprika
Rosmarinzweigerl

Die Zubereitung:

Roten und grünen Paprika der Länge nach aufschneiden und in 3 x 3 cm breite Quadrate schneiden. Die 1 cm starken Räucherkäsescheiben schneiden Sie in 3 x 3 cm Quadrate und legen sie zwischen die Paprikascheiben. Dazu garnieren Sie Rosmarinzweige.

Schaf-Frischkäserolle mit Himbeeren

Die Zutaten (für ca. 5 Stück):

100 g Schaf-Frischkäserolle
50 g Tilsiter
Himbeeren
Zahnstocher

Stechen Sie aus dünnen Schnittkäsescheiben Blumen. Schneiden Sie von der Frischkäserolle 2 cm dicke Scheiben. Diese Scheiben setzen Sie auf die Blumen. Zum Garnieren der Blume verwenden Sie eine Himbeere.

KÄSE – GENUSS UND VIELFALT IN DER ERNÄHRUNG

ES SIND DIE VIELEN NÄHRSTOFFE, DIE KÄSE IN EINE BESONDERHEIT VERWANDELN. ALLE HOCHWERTIGEN BAUSTOFFE DER MILCH WIE EIWEISS, FETT, VITAMINE UND MINERALSTOFFE, INSBESONDERS KALZIUM, SIND IM KÄSE IN GEBALLTER LADUNG ENTHALTEN.

Sie bilden die festen Bestandteile des Käses und werden als „Trockenmasse" bezeichnet. Natürlich ist auch Wasser drin, je nach Käsesorte unterschiedlich viel. Der Wasseranteil bestimmt die Konsistenz des Käseteiges.

Geschmacksvielfalt mit besten Inhaltsstoffen

Neben einer großen Geschmacksvielfalt ist Käse reich an Inhaltsstoffen. Käse besteht zu 10–30 Prozent aus Eiweiß, abhängig vom Fettanteil. 100 g Käse decken bis zu 45 Prozent der empfohlenen Tageszufuhr an Eiweiß ab. Produkte der „gelben Palette" sind ideale Eiweißspender für Personen mit erhöhtem Bedarf wie zB Kinder, Jugendliche, Schwangere, Stillende und Sportler.

Cholesterin

Wer Käseprodukte von seinem Speiseplan streicht, weil er meint, Käse enthalte zu viel Cholesterin, irrt! Der Cholesterin-Gehalt ist bei Käse sehr niedrig. Er pendelt zwischen 10 mg zB im Quargel und 100 mg zB im Rahm-Brie pro 100 g Käse. Konsumenten, die aus gesundheitlichen Gründen auf ihre Cholesterinaufnahme achten, finden in fettarmen Käsevarianten eine genussvolle Alternative.

Fettgehalt

Fett macht Käse vollmundiger, geschmacksintensiver und geschmeidiger – keine Frage. Doch es wäre nicht fair, Käse als „Fettbombe" abzustempeln. Manch einer rauft sich die Haare beim Anblick der F.i.T.-Angabe – und denkt sich „Der besteht ja fast zur Hälfte aus Fett!" Weit gefehlt! Diese Angabe bedeutet Fett in der Trockenmasse und bezieht sich nicht auf das Gesamtgewicht des Käses, sondern auf den Prozentanteil der Trockenmasse.

Ein Tipp:

Eine Faustregel zur Berechnung des Fettgehalts: Etwas weniger als die Hälfte der F.i.T.-Angabe, ergibt den absoluten Fettgehalt.

Vitamine

Man unterscheidet fettlösliche (A, D, E, K) und wasserlösliche Vitamine. Vitamin A ist im Käse dominant vertreten. Augen, Haut und Schleimhäute sowie Zellen und Knochen brauchen viel Vitamin A. Cholecalciferol, wie Vitamin D im Fachjargon genannt wird, ist ausreichend in Milchprodukten enthalten. Dieses Vitamin D ist wichtig für unsere tägliche Kalziumversorgung. Warum? Weil es die Aufnahme von Kalzium aus dem Darm fördert. Nur so kann Kalzium gut in unsere Knochen eingebaut werden und uns vor Knochenschwund schützen. Weitere wichtige wasserlösliche Vitamine im Käse sind B1, B2, B6, B12 und Folsäure.

Mineralstoffe und Spurenelemente

Käse versorgt uns mit Mineralstoffen und Spurenelementen, die unser Überleben sichern – Kalzium, Magnesium, Phosphor, Kalium, Zink und Jod, um nur die wichtigsten zu nennen.

Kalzium

Milch und Käse enthalten viel Kalzium. Dieser Mineralstoff wird vielfach nicht ausreichend über die Nahrung aufgenommen. Gerade deshalb spielen gerade Käse und andere Milchprodukte eine ganz besonders wichtige Rolle in der täglichen Ernährung. Erst eine ausreichende Kalzium-Zufuhr, eine Art Kalzium-Depot im Knochen von Kindheit an, kann eine Osteoporose-Erkrankung im Alter verhindern. Osteoporose, auch Knochenschwund genannt, ist heute zu einer Volkskrankheit geworden. Durch die Verringerung der Knochenmasse entsteht ein erhöhtes Frakturrisiko. Kalzium, Magnesium, Phosphor reduzieren dieses Risiko.

KÄSE – FÜR JEDEN GESCHMACK DER RICHTIGE

MIT SEINEN HUNDERTEN SORTEN SCHAFFT ES KÄSE MÜHELOS, BELIEBIG VIELE GESCHMACKSWÜNSCHE ZU ERFÜLLEN. ÜBER 75 GESCHMACKSDEFINITIONEN GIBT ES FÜR KÄSE. SIE REICHEN VON MILD-FEIN, G'SCHMACKIG BIS WÜRZIG-KRÄFTIG. VON ALLEN MILCHPRODUKTEN BESTICHT KÄSE DURCH SEINE GENUSSVOLLE ABWECHSLUNG UND VIELFALT.

Der Rohstoff „frischeste Milch!" ist für Käse von größter Bedeutung. Egal, welchen Käse Sie sich auf dem Gaumen zergehen lassen, jeder Käse wird aus Milch gewonnen. Aber was ist nun das Geheimnis? Wodurch erhält Käse seine Vielfalt? Was macht seinen unverwechselbaren Geschmack aus? Warum verzaubern uns seine feinen aromatischen Nuancen?

Gewonnen aus dick gelegter Käsereimilch sind „Käse" entweder frische Erzeugnisse oder Erzeugnisse, die sich noch in einer der vielen Stadien ihrer Reife befinden. Aber auch Käsearten, die aus Molke unter Wasserentzug (Molkenkäse) und aus Topfen (Sauermilchkäse) hergestellt werden, zählt man zum Käse. „Erzeugnisse aus Käse" sind Zubereitungen aus Käse und Schmelzkäse oder Käsekompositionen, die sich aus mehreren Käsesorten zusammensetzen.

Neben der Milch, den notwendigen Reifungskulturen, Gewürzen und Kräutern dürfen auch (jodiertes) Salz für den Geschmack und Beta-Carotin (Provitamin A) als natürliches Färbemittel eingesetzt werden. Die Verwendung spezieller Zusatzstoffe wie etwa Schmelzsalze oder Verdickungsmittel ist exakt geregelt. Bei uns zählt diese Verwendung nicht zur gängigen Praxis. Auf der Verpackung findet der Konsument die exakte Auflistung aller Inhaltsstoffe. Käse wird während seiner Reifezeit immer wieder gewendet, regelmäßig gewaschen und gepflegt (zB mit Salz und Rotkulturen eingerieben). Um sein sortentypisches Aroma zu entfalten, braucht der Käse liebevolle Pflege und viel Gespür für seine individuellen Charakteristika. Die Käsereifung setzt sich aus unterschiedlichen Reifungsphasen zusammen. Diese Phasen hängen ab von der Zusammensetzung der Käsemasse sowie den verwendeten Mikroorganismen (Käsekulturen). Aber auch äußere Bedingungen (hauptsächlich Temperatur und Luftfeuchtigkeit) spielen eine Rolle.

Grundsätzlich versteht man unter Käsereifung den gewünschten Abbau von Eiweiß. Teilweise kommt es auch zur Fettspaltung (eine Spezialität bei Edelschimmelreifung). Während seiner Reifezeit wird Käse immer wieder gewendet, regelmäßig gebürstet und gepflegt (zB mit Salz und Rotkulturen eingerieben).

Wodurch unterscheidet man Käsearten?

- Frischeste Milch von verschiedenen Tierarten (Kuh, Schaf, Ziege, Büffel)
- Herstellungsart
- Fettgehalt der Trockenmasse (F.i.T.: Fett in der Trockenmasse)
- Festigkeit (Verhältnis Trockenmasse zu Wassergehalt)
- Käsereifung (verschiedene Reifungsarten)
- Geschmack und Verwendung

• **Milchsäurereifung** (Käse reift mit Säuerungskulturen gleichmäßig von innen nach außen)	zB Edamer, Gouda, Butterkäse	
• **Gärungsreifung** (Kohlensäurebläschenbildung im Käseinneren bei Temperaturen von 20–22 °C)	zB Emmentaler, Bergbaron, Drautaler, Alpenkäse	
• **Weiße Edelschimmelreifung** (Oberflächenreifung von weißem Edelschimmel)	zB Camembert, Brie	
• **Rotkulturreifung** (Einreiben mit Salz und Rotkulturbakterien)	zB Schloßkäse, Romadur, Mondseer, Tilsiter, Raclette, Bergkäse	
• **Doppelreifung** (Je 4 Wochen Rotkultur- und Gärungsreifung)	zB Moosbacher	
• **Doppelschimmelreifung** (Inneres Wachstum von blauem Edelschimmel, Oberflächenreifung mit weißem Edelschimmel)	zB Dolce Bianca, Troubadour	
• **Grüne Edelschimmelreifung** (Inneres Wachstum von blauem oder grünem Edelschimmel)	zB Österkron	
• **Keine Reifung**	Frischkäse wie zB Topfen, Gervais, Rollino, Löffel- und Landfrischkäse, Bojar	

AUFBRUCH IN NEUE GESCHMACKSWELTEN

WER ÜBER DIE GESCHMACKSWELTEN VON KÄSE BESCHEID WEISS, FINDET SICH IN DER GROSSEN VIELFALT DER KÄSE LEICHTER ZURECHT. DIE GESCHMACKSWELTEN WERDEN IN ÖSTERREICH IN DREI GRUPPEN ZUSAMMENGEFASST: MILD-FEIN, G'SCHMACKIG, WÜRZIG-KRÄFTIG.

mild-fein:
Frischkäse, zB Gervais, Topfen-, Löffel- und Landfrischkäse, Bojar, Rollino, etc., sowie milde Weich- und Schnittkäse, zB Butterkäse, Edamer, Bergbaron, Drautaler, Almkönig, etc.

g'schmackig:
Weich- und Schnittkäse mit spezifischen Kulturen gereift, zB Camembert, Weinkäse, Moosbacher, etc.

würzig-kräftig:
Weich-, Schnitt- und Hartkäse mit ausgeprägter Reifung (Rotkulturen, Edelschimmel – meist mit „Naturrinde"), zB Schloßkäse, Raclette, Emmentaler, Bergkäse, Österkron, Dolce Bianca, etc.

HINWEIS:
Die Zuordnung zur Geschmackswelt bezieht sich immer auf den „Naturkäse". Wird der Geschmack durch „Zusätze" wie zB Gewürze, Kräuter usw. verfeinert, ist dies durch eine „Zusatzinformation" gekennzeichnet (zB mit Pfeffer, mit Gartenkräutern verfeinert, etc.). Zusätze können den ursprünglichen Käsegeschmack verändern.

Ob für den kleinen Hunger zwischendurch, für eine kräftige Jause, ob in geselliger Runde oder als Bestandteil eines Gerichts, Käse zählt zu den wohl vielfältigsten Genussmitteln. Käse ist heute nicht mehr wegzudenken und spielten sowohl in der Gastronomie als auch im Haushalt ein wichtige Rolle.

Stück für Stück eine reife Leistung. Es ist die raffinierte Kunst des Käsehandwerks, das für ein Geschmackserlebnis der besonderen Art sorgt. Käsegenießer entdecken immer wieder sinnliche Genusswelten. Vier Grundqualitäten des Geschmacks dominieren unsere Sinne: süß, sauer, bitter und salzig. Käse ist Geschmack pur, seine Vielfalt hält für jeden Gaumen ein Erlebnis bereit. Machen Sie sich auf Entdeckungsreise in die Welt der sinnlichen Käsevielfalt.

Ein schöner Einstieg in die Geschmacks- und Genusswelten von Käse ist das Verkosten mit geschlossenen Augen. Käse. Ein Verführungskünstler unserer fünf Sinne.

Sehen
Liebe auf den ersten Blick: Heimische Käseköstlichkeiten machen auf einen Blick klar, welche Charakteristika sie ihr Eigen nennen, wie lange sie haltbar sind und wo sie hergestellt wurden. Was wäre ein Camembert ohne sein zartes, weißes Edelschimmelkleid, ein Käse mit blauem oder grünem Edelschimmel ohne seine delikaten Adern?

Tasten
Wie reif ist Käse? In welchem Stadium der Reife befindet sich der ausgesuchte Käse gerade? Das verrät uns der Tastsinn. Wer mit Käse auf Tuchfühlung geht, erfährt seinen Reifegrad: Ein optimal gereifter Weichkäse gibt in der Mitte nach, wenn man ihn leicht drückt. Ebenso sagt der Duft eines Käses schon viel über seine Geschmackswelt aus.

Hören
Kenner essen gut gereiften und wohl temperierten Käse (20 bis 22 °C) in kleinen Ecken. Käse darf nicht knirschen. Maximal hört man das leise, genussvolle Seufzen und Jubilieren des Gaumens.

Riechen
Käse ist nicht gleich Käse. Weil so mancher Käse sein Aroma mit zunehmender Reife oft sehr stark entwickelt, gilt es, andere Kühlschrankbewohner vor diesen „Duftnoten" in Sicherheit zu bringen. Eine luftdichte Frischhaltebox ist die ideale „Quarantäne" für optimale Käsequalitäten der intensiveren Sorte.

Schmecken
„Schmecken mit der Nase": So lautet das Credo des Käse-Feinschmeckers. Der Geschmack der mannigfaltigen Käsesorten wird in erster Linie über den Duft bestimmt. Um Käse richtig zu genießen, muss man ihn schmecken und riechen können. Man sollte daher bei der Auswahl seines individuellen Käse-Repertoires Nase und Gaumen im Auge haben.

KÄSE, EIN REIFER CHARAKTER

IN ANLEHNUNG AN DIE REIFEZEIT WERDEN HEUTE SECHS KÄSEFAMILIEN UNTERSCHIEDEN. FRISCH-, WEICH-, SCHNITT- UND HARTKÄSE SIND DIE VIER BEDEUTENDSTEN KÄSESORTEN. WASSERGEHALT UND DIE KONSISTENZ SIND FÜR DIE EINTEILUNG ENTSCHEIDEND. SAUERMILCH- UND SCHMELZKÄSE RUNDEN DIE SORTENVIELFALT AB.

Frischkäse:
Hat einen unvergleichlichen Charakter und unterliegt keinem Reifeprozess. Er ist ein mild-säuerlicher, aromatischer, ungereifter Käse, der oft mit Kräutern und Gewürzen verfeinert wird; zB Topfen, Gervais, Landfrischkäse, Bojar, Rollino, Frischesse, Gartenfein, etc.

Weichkäse:
Je nach Rezeptur und Reifegrad reicht das charakteristische Aroma von mild-fein bis würzig-kräftig – geschmacklich daher immer interessant. In 2 bis 4 Wochen erfolgt die Reifung von außen nach innen; Facetten der Reifung: Weißschimmelhaut, Rotkulturrinde, blauer oder grüner Innenschimmel, Doppelschimmel: zB Brie, Camembert, Weinkäse, St. Severin, Rosso, Dolce Bianca, Österkron, etc.

Schnittkäse:
Ist die sortenreichste Palette in der gesamten heimischen Käsekultur. Die Konsistenz reicht von weich bis fest. 4 bis 8 Wochen (und länger) Reifung in Folie, Wachs, Rotkultur, Edelschimmel; zB Bergbaron, Drautaler, Almkönig, Gouda, Moosbacher, Bergtilsiter, Traunsteinkönig, Kaiser Max, Mondseer, Dachsteiner, Raclette, Kapuzinerberg, Kärntner Rahmlaib, Alpzirler, etc.

Hartkäse:
Verkäst wird die aromareiche Frischmilch für den Hartkäse oft noch traditionell in Kupferkesseln, die mit Holz beheizt werden. Der Brandstempel weist darauf hin. 3 Monate bis 1 ½ Jahre Reifezeit; Rinde wird gewaschen, gebürstet oder geschabt; zB Emmentaler, Rosé, Bergkäse, Almkäse, Asmonte (Parmesantyp), etc.

Sauermilchkäse:
Mit 40 % Trockenmasseanteil schaffen die aus Magertopfen gewonnenen, temperiert gereiften und oft gewürzten Käse nahezu die Quadratur des Kreises. Sie sind fast fettfrei und dennoch so ziemlich das G'schmackigste, was man sich vorstellen kann; zB Quargel, Steirerkas, Gelundener, Tiroler Graukäse, Surakas, etc.

Schmelzkäse:
Er kann in Österreich auf eine 75-jährige Erfahrung zurückblicken. Das heißt: Unsere Schmelzkäse haben alle Vorteile dieser Metamorphose, ohne aber die charakteristische Grundnote der verwendeten Käsesorten zu verlieren. Dazu bietet der Schmelzvorgang eine unendliche Variationsvielfalt im Geschmack und hat eine lange Haltbarkeit.

Gefülltes Schweinskarree mit Erdäpfel, Fenchel und Knoblauch, Seite 124

HAUPTSPEISEN

ÜBERBACKENER BROKKOLI MIT FLEISCHBÄLLCHEN UND RAHMBRIE

40 min.

Die Zutaten (für 4 Portionen):

- 300 g Rahmbrie
- 400 g Brokkoli
- 8 EL Mandelblättchen
- 8 EL Olivenöl
- 250 g gemischtes Faschiertes
- 1 Semmel
- 1 Ei
- 1 Zwiebel
- Salz
- Pfeffer
- 1 EL gehackte Petersilie
- Fett zum Braten
- Teebutter für die Formen

Die Zubereitung:

Drücken Sie eine eingeweichte Semmel aus. Dann verkneten Sie Faschiertes, Semmel, Ei, fein gehackte Zwiebel, Salz, Pfeffer und Petersilie. Daraus formen Sie kleine Bällchen, die Sie in heißem Fett braten. Teilen Sie den Brokkoli in kleine Röschen und blanchieren Sie ihn im Salzwasser. Schrecken Sie ihn dann im kalten Wasser ab, so bleibt der Brokkoli schön grün.

Streichen Sie vier feuerfeste Formen mit Teebutter aus und legen Sie die gebratenen Fleischbällchen hinein. Danach legen Sie die Brokkoliröschen dazu, bestreuen sie mit einem Teil der Mandelblättchen und bedecken sie mit dem in Scheiben geschnittenen Brie. Streuen Sie die restlichen Mandelblättchen drauf. Im vorgeheizten Backrohr gratinieren Sie den Brokkoli mit Fleischbällchen und Rahmbrie bei 220 °C Oberhitze, bis der Käse geschmolzen ist und leicht braun wird.

Ein Tipp:

Grüner Veltliner DAC passt ausgezeichnet dazu.

TRUTHAHN-KÄSE-RÖLLCHEN MIT SPARGEL-ERDÄPFEL-GRÖSTL

45 min.

Die Zutaten (für 4 Portionen):

für das Gröstl:

- 400 g gekochte Erdäpfel
- 250 g grüner Spargel
- 2 EL gerösteter Sesam
- Öl, Salz, Pfeffer
- 1 Prise Zucker

für die Truthahn-Röllchen:

- 8 dünne Scheiben von der Truthahnbrust (à 50 g)
- ½ Knoblauchzehe
- 1 TL scharfer Senf
- ½ TL Salz
- 8 dünne Scheiben Schinken (etwa 80 g)
- 8 dünne Scheiben Gouda
- 2 EL Mehl
- 2 Eier
- 80 g Semmelbrösel

Die Zubereitung:

für das Gröstl:
Nachdem Sie die harten Enden vom Spargel abgetrennt haben, waschen und schneiden Sie ihn in ca. 3–4 cm lange Stücke. Erdäpfel schälen, vierteln und anbraten. Spargel in etwas kochendem Salzwasser mit Zucker bissfest dünsten, abseihen und kurz mit den gebratenen Erdäpfel und Sesam in Öl schwenken und würzen.

1

2

für die Truthahn-Käse-Röllchen:
Klopfen Sie die Truthahnschnitzel gleichmäßig. Den fein gedrückten Knoblauch mischen Sie mit Senf und Salz. Mit dieser Mischung bestreichen Sie die Schnitzel hauchdünn. Die mit Käse und
1 Schinken belegten Truthahnschnitzel rollen Sie ein. Zum Feststecken verwenden Sie Zahnstocher.
2 Dann panieren Sie die Schnitzel und backen sie in 180 °C heißem Fett in 10–12 Minuten kross.

Ein Tipp:

Den Sesam rösten Sie in einer trockenen, heißen Pfanne kurz an.

KÄSE-BLÄTTERTEIGTASCHEN

30 min.

Die Zutaten (für 4 Portionen):

- 200 g Rahmkäse
- 2 Pkg. fertiger Blätterteig
- 150 g Speck
- 1 Paprika
- 3 Champignons (nach Geschmack)
- 1 Tomate
- 3 EL Öl
- 1 Eidotter
- etwas Thymian, Salz, Pfeffer aus der Mühle

Die Zubereitung:

Speck, Paprika, Tomaten und Champignons klein würfelig schneiden und mit Thymian, Salz und Pfeffer würzen.

Die Masse in einer Pfanne mit Öl glasig rösten,
1 mit dem klein würfelig geschnittenen Käse mischen und anschließend in die Mitte der vorgefer-
2 tigten Blätterteigquadrate (ca. 8-10 cm) geben.

1

2

Dann die Blätterteigquadrate zu Dreiecken zusammenschlagen, mit Eidotter bestreichen und im vorgeheizten Backrohr bei 200 °C ca. 8-10 min. backen.

Ein Tipp:

Mit Schnittlauchsoße und Salat servieren.

GEBACKENE KÄSETÖRTCHEN IN MANGOLD

30 min.

Die Zutaten (für 4 Portionen):

- 4 Laibchen Weichkäse mit Rotkultur (St. Severin, Klosterkäse, etc.)
- 100 g Erdäpfel
- 75 g durchzogener geräucherter Speck
- 50 g Eierschwammerl
- 75 g Champignon
- 1 fein gehackte Zwiebel
- 2 EL gehackte Petersilie
- 8 Blätter Mangoldspinat (oder 250 g Spinat)
- geriebene Muskatnuss
- Salz, Pfeffer
- 4 EL Teebutter
- 3 EL Öl

Die Zubereitung:

Heizen Sie das Backrohr auf 200 °C vor. Die geschälten Erdäpfel schneiden Sie kleinwürfelig (ca. 1/2 cm breit). Speck und geputzte Pilze in feine Streifen schneiden, Spinat kurz blanchieren und abseihen.

1

2

Braten Sie jetzt die Erdäpfelwürfel in heißem Öl goldbraun an, dann geben Sie Zwiebel, Pilze und Speck bei und braten das Ganze unter ständigem Rühren weiter. Legen Sie die Spinatblätter viermal, leicht überlappend, kreisförmig auf eine Arbeitsfläche und würzen Sie diese mit Muskat, Salz und Pfeffer. Käse horizontal halbieren.

Die unteren Käsehälften legen Sie auf den Spinat.
1 Darüber legen Sie die Kartoffel-Pilzmischung, die Sie zusätzlich würzen. Danach bedecken Sie die Mischung mit der oberen Käsehälfte, würzen
2 nochmals, und umwickeln den Käse rundherum mit den Spinatblättern.

Bestreichen Sie die Törtchen mit zerlassener Teebutter und überbacken sie im heißen Rohr 5–8 Minuten. Servieren Sie dazu Salat.

Ein Tipp:

Schmeckt auch köstlich mit Kohlblätter.

SCHLIERBACHER KÄSEROULADE

60 min.

Die Zutaten (für 4–6 Portionen):

für die Fülle:

- 3 Stück Schlierbacher
- 250 g gekochtes Geselchtes
- 1 Zwiebel
- 3 Knoblauchzehen fein gehackt
- 2 Karotten
- 1 kleine Brokkolirose
- Salz
- Pfeffer
- 2 EL gehackte Petersilie
- 3 El Butterschmalz

für den Erdäpfelteig:

- 500 g mehlige Erdäpfel
- 200 g griffiges Mehl
- 60 g Weizengrieß
- 2 Eier
- 40 g Teebutter
- Salz
- Muskatnuss
- Milch und Teebutter zum Bestreichen
- 1 Eidotter
- Öl zum Anbraten
- 80 g geriebener Emmentaler

Die Zubereitung:

Drücken Sie die geschälten, gekochten Erdäpfel durch eine Erdäpfelpresse. Die Masse verkneten Sie mit Salz, Muskatnuss, weicher Teebutter, Eier, Mehl und Grieß zu einem Teig (anschließend in Frischhaltefolie kühlstellen).

Das Geselchte, die Zwiebel, den Käse und die geschälten Karotten schneiden Sie in kleine Würfel. Den Brokkoli zerkleinern Sie und blanchieren ihn mit den Karottenwürfeln. Die Selchwürfel und Zwiebel rösten Sie in heißem Fett an, würzen mit Salz und Pfeffer, Knoblauch und Petersilie, mischen die Karottenwürfel, Brokkoli und die Käsewürfeln hinein. Walzen Sie den Erdäpfelteig auf einer bemehlten Unterlage zu einem 1-cm-dicken Rechteck aus. Die Käsemasse legen Sie in der Mitte des Teiges der Länge nach auf und rollen den Teig ein. Die Rolle bestreichen Sie mit Milch und wickeln sie straff in eine mit Teebutter bestrichene Alufolie ein. Die Roulade kochen Sie in Salzwasser ca. 20–25 Minuten. Dann heben Sie die Rolle aus dem Wasser, wickeln sie aus und bestreichen sie mit Eidotter. Den geriebenen Emmentaler nehmen Sie zum Bestreuen. Dann gratinieren Sie die Rolle kurz im heißen Backrohr. Dazu empfehlen wir Salat.

Ein Tipp:

Dazu passt sehr gut eine Joghurt-Kräuter Soße.

KALBSMEDAILLONS AUF GRÜNEN FISOLEN

25 min.

Die Zutaten (für 4 Portionen):

- 600 g Fisolen
- Salz
- 4 Kalbsmedaillons (je ca. 120 g)
- 1 EL Butterschmalz
- Pfeffer aus der Mühle
- Fett für die Form
- 2 St. Severin-Laibchen (8 Scheiben)
- 4 dünne Scheiben durchzogener Speck
- Thymian und Petersilie

Die Zubereitung:

Schneiden Sie die Enden der gewaschenen Fisolen ab. Dann blanchieren Sie die Fisolen in kochendem Salzwasser etwa 8 Minuten, nehmen sie heraus, schrecken sie kalt ab und lassen sie gut abtropfen. Die Kalbsmedaillons waschen und trocken tupfen, mit Speck umwickeln und mit
1 Küchengarn in Form binden. Das Butterschmalz in einer Pfanne erhitzen und die Medaillons darin bei starker Hitze rundum anbraten. Mit Salz und Pfeffer würzen.

Dann verteilen Sie die Fisolen in einer gefetteten ofenfesten Form und setzen die Kalbsmedaillons
2 darauf. Belegen Sie die Medaillons mit den entrindeten 8 Käsescheiben und gratinieren sie im heißen Ofen, den Sie auf 200 °C vorgeheizt haben, auf mittlerer Schiene, bis der Käse geschmolzen ist. Zum Servieren die Kalbsmedaillons mit den Fisolen aus der Form nehmen und auf vorgewärmten Tellern anrichten. Nach Belieben mit Thymian und Petersilie garnieren.

Ein Tipp:

Wenn man die Fisolen nach dem Kochen in Eiswasser abschreckt, bleiben sie schön grün.

FRITTIERTE KÄSE-NOCKEN MIT TOMATENSOSSE

30 min. (ohne Kühlzeit)

Die Zutaten (für 4 Portionen):

- 350 g Weichkäse mit Rotkulturen (zB Rosso, Schlierbacher, etc.)
- 2 Eier
- 100 g Semmelbrösel
- Salz
- Pfeffer aus der Mühle
- Cayennepfeffer
- 750 g Tomaten
- 1 Schalotte
- 1 Knoblauchzehe
- 1 EL Olivenöl
- 1 Bund Basilikum
- ½ l Pflanzenöl zum Frittieren
- Eier und Brösel zum Panieren

Die Zubereitung:

Zerdrücken Sie den entrindeten Käse mit einer Gabel. Dann geben Sie zum Käse Eier und Semmelbrösel, um daraus eine geschmeidige Masse zu verrühren. Mit Salz, Pfeffer und Cayennepfeffer würzen. Tomaten kreuzweise einritzen, überbrühen, häuten und entkernen. Das Fruchtfleisch, die geschälte Schalotte und den Knoblauch feinwürfelig schneiden.

1

Öl in einer Pfanne erhitzen, Schalotten- und Knoblauchwürfel darin glasig dünsten. Dann geben Sie die Tomaten dazu und lassen das Gemüse etwa fünf Minuten köcheln. Zum Würzen verwenden Sie Salz und Pfeffer. Vom gewaschenen und trocken geschüttelten Basilikum zupfen Sie die Blätter, die Sie fein hacken (ohne Stängel). Die eine Hälfte rühren Sie unter die Tomaten, die andere unter die Käsemasse. Das Öl am besten in einer Fritteuse oder in einem Topf auf 170 °C erhitzen. Aus der Käsemasse stechen Sie mit zwei
1 Esslöffeln Nocken, die Sie in verquirltem Ei und in Brösel wenden. Dann lassen Sie die Nocken im Tiefkühlfach eine Viertelstunde lang rasten. Danach portionsweise im heißen Öl 3–5 Minuten goldbraun ausbacken. Mit dem Schaumlöffel herausheben und auf Küchenpapier abtropfen lassen. Dazu servieren Sie Tomatensoße.

Ein Tipp:

Verwenden Sie zum Frittieren nur hochwertiges Pflanzenöl. Die Temperatur sollte nicht über 170 °C liegen. Am besten lässt sich dies in einer Fritteuse mit Temperaturanzeige kontrollieren.

ERDÄPFELGNOCCHI MIT JAUSENKÄSE

35 min.

Die Zutaten (für 4 Portionen):

- 500 g gekochte, mehlige Erdäpfel
- 50 g Teebutter
- 50 g Grieß
- 200 g Mehl
- 2 Dotter
- Salz, Pfeffer
- 200 g Schlagobers
- 150 g (Jausen) Käse
- 3 EL frische Kräuter (Rosmarin, Salbei, Petersilie, Bohnenkraut, Schnittlauch)
- 30 g Teebutter zum Abschmelzen

Die Zubereitung:

Die Erdäpfel schälen, durch eine Erdäpfelpresse drücken und mit Teebutter, Dotter, Grieß, Mehl und Salz zu einem Teig kneten.

1 Fingerdicke Rollen formen, ca. 1 cm lange Stücke abschneiden und in kochendes Wasser geben. Wenn die Gnocchi an der Wasseroberfläche schwimmen, abschöpfen, im kalten Wasser abschrecken und abtropfen lassen.

2 In einer Pfanne Schlagobers erhitzen, Gnocchi dazugeben, durchschwenken, geriebenen Jausenkäse beimengen und zuletzt die Kräuter untermischen. Bei starker Oberhitze im Rohr kurz überbacken und mit erhitzter Butter beträufeln.

1

2

Ein Tipp:

Die Messerklinge vor jedem Teigschnitt kurz ins heiße Wasser tauchen, der Teig bleibt dann nicht auf der Klinge kleben.

GEFÜLLTE ZUCCHINI

70 min.

Die Zutaten (für 4 Portionen):

- 4 Zucchini (sehr dekorativ sind Kugelzucchini)
- 1 EL Olivenöl
- 150 g Bauernspeck
- 2 Zwiebel
- 2 Knoblauchzehen
- 2 geschälte Tomaten aus der Dose
- 200 g mehlige, gekochte Erdäpfel
- 2 EL gehackte Petersilie
- 1 Prise gemahlener Kümmel
- 1 EL Majoran
- 2 Eier
- Salz
- Pfeffer
- 250 g geriebener Emmentaler
- eventuell Brösel
- 3/8 l Suppe

Die Zubereitung:

1 Schneiden Sie das obere Drittel der Kugelzucchini ab. Dann höhlen Sie die Zucchini aus, um sie innen gut zu salzen und zu pfeffern. Fruchtfleisch von Zucchini und Tomaten zerkleinern, Bauernspeck, Zwiebel und Knoblauch klein würfelig schneiden. Erdäpfel schälen und fein reiben. Braten Sie den Speck in Olivenöl an, geben Sie Zwiebel, Knoblauch, Zucchinifleisch, Tomaten dazu und rösten Sie das Gemüse unter ständigem Wenden kurz mit. Anschließend geben Sie die Erdäpfel dazu, würzen das Ganze und nehmen die Pfanne vom Herd. Dann verrühren Sie den Inhalt der Pfanne mit Eiern und Käse. Ist die Masse
2 zu flüssig, rühren Sie Brösel ein. Die Masse füllen Sie in die Zucchini, die Sie mit geriebenem Käse bestreuen. In einer mit heißer Suppe gefüllten Bratpfanne lassen Sie die gefüllten Zucchini im auf 200 °C vorgeheizten Backrohr rund 40 Minuten garen. Die gefüllten Zucchini servieren Sie am besten in einer feinen Tomatensoße.

Ein Tipp:

Statt den Zucchini kann man auch Kohlrabi verwenden.

LAMM IN DER FOLIE

60 min.

Die Zutaten (für 4 Portionen):

- 500 g Lammfleisch ohne Knochen
- Salz, Pfeffer
- Oregano
- Olivenöl
- 3 EL Zitronensaft
- 2 Erdäpfel
- 2 Karotten
- 50 g Sojabohnen (Tiefkühlpackung)
- 50 g Maiskörner (Tiefkühlpackung oder Dose)
- 2 Zehen Knoblauch
- 2 EL Cognac
- 2 Tomaten
- 4 Tortillas
- 100 g geriebener Emmentaler
- Alufolie

Die Zubereitung:

Schneiden Sie das Lammfleisch in 3 cm große Würfel. Rühren Sie Salz, Pfeffer, Oregano, Olivenöl und Zitronensaft glatt, um die Flüssigkeit als Würze über das Fleisch zu gießen. Decken Sie das Lammfleisch mit einer Frischhaltefolie ab und lassen Sie es rund eine Stunde lang in der Marinade ziehen. Geschälte Erdäpfel und Karotten in 2 cm große Würfel schneiden und im Salzwasser ca. 8 Minuten garen. Soja- und Maiskörner dazugeben und nochmals 2–4 Minuten kochen. Erdäpfel und Karotten abschütten und in einem Sieb abtropfen lassen. Dann erhitzen Sie etwas Olivenöl in einer Pfanne, heben das Fleisch aus der Marinade und braten es von allen Seiten scharf an. Erdäpfel dazu geben. Knoblauch schälen, halbieren und in die Pfanne geben. Mit Cognac ablöschen, die Marinade unterrühren. Karotten, Maiskörner und Bohnen hinzufügen, eine Minute köcheln lassen. Mit Salz, Pfeffer und Oregano kräftig abschmecken und die Pfanne vom Herd nehmen. Tomaten waschen, Stängelansätze entfernen und in Scheiben schneiden. Die Tortillas nacheinander auf beiden Seiten mit Milch bestreichen. Jede Tortilla auf ein Stück Alufolie geben, mit der Lamm-Gemüse-Mischung füllen und mit beiden Händen nach oben zusammenziehen, sodass ein gefülltes Beutelchen entsteht. Oben eine ca. 6–8 cm große Öffnung lassen. Mit 1–2 Tomatenscheiben belegen und mit geriebenem Käse bestreuen. Die gefüllten Beutel auf ein Blech setzen und im vorgeheizten Backrohr bei 200 °C ca. 20–30 Minuten garen. Sofort servieren.

Ein Tipp:

Diese Speise lässt sich gut je nach Geschmack variieren, man kann statt Lamm auch Rindfleisch und statt Emmentaler, Gouda, Raclette, Moosbacher oder sogar Münsterkäse verwenden.

RÜHREIER MIT DACHSTEINER

10 min.

Die Zutaten (für 1 Portion):

- 60 g Schnittkäse (zB Kaiser Max, etc.)
- 3 Eier
- 1 Zwiebel
- 2 EL Pinienkerne
- 2 EL Olivenöl
- 1 EL Kresse
- Salz und Pfeffer

Die Zubereitung:

Verrühren Sie die verquirlten Eier mit dem in kleine Stücke geschnittenen Kaiser Max. Die klein gehackte Zwiebel lassen Sie in der Pfanne mit Olivenöl anschwitzen.

Dann geben Sie die Eier mit dem Käse dazu und lassen die Masse großflockig stocken, würzen mit Salz und Pfeffer und bestreuen die Rühreier mit gerösteten Pinienkernen und Kresse. Dazu reichen Sie Vollkornbrot.

Ein Tipp:

Auch Alpzirler oder Moosbacher schmecken hier hervorragend.

SARDISCHE ZWEI-KÄSE-GRATIN

40 min.

Die Zutaten (für 4 Portionen):

- 200 g Emmentaler
- 100 g geriebener Bergkäse
- 200 g Mozzarella (Büffelmozzarella)
- 1 große Melanzani
- 2 große Zwiebel
- 5 EL Olivenöl
- 4 Knoblauchzehen
- 1 EL frischer Oregano
- 500 g Zucchini
- 500 g Fleischtomaten
- Salz, Pfeffer
- 1/8 Crème fraîche
- 2 Eier

Die Zubereitung:

Schneiden Sie die Melanzani in 1/2 cm dicke Scheiben und salzen sie. Die geschälte Zwiebel schneiden Sie in Ringe, legen ungeschälte Knoblauchzehen, Melanzani und Zwiebel auf ein mit Öl bestrichenes Backblech und braten alles im heißen (200 °C) Backrohr goldbraun.

1

Währenddessen schneiden Sie Emmentaler, Mozzarella, Zucchini und Tomaten in Scheiben. Schalten Sie das Backrohr auf 170 °C zurück. Legen Sie zuerst die gebratenen Zwiebel in eine gefettete Auflaufform, darauf die gebratenen Melanzani, 1 dann die Käsescheiben, darauf Zucchini, Tomaten wieder Käse usw. Jede Lage kräftig würzen. Das Ganze übergießen Sie mit einem Gemisch aus Crème fraîche und Eiern. Darauf streuen Sie geriebenen Bergkäse. Das Sardische Zwei-Käse-Gratin backen Sie rund 20 Minuten im Rohr.

Dekorieren Sie das Gratin mit frischem Oregano und gebratenen Knoblauchzehen.

Ein Tipp:

Servieren Sie die Speise mit gebratenenen Erdäpfel.

GEFÜLLTES SCHWEINSKARREE MIT ERDÄPFEL, FENCHEL UND KNOBLAUCH

50 min.

Die Zutaten (für 4 Portionen):

- 4 dicke Schweinskarreerosen
- Salz
- Pfeffer aus der Mühle
- 1 Apfel
- 4 gedörrte Marillen
- 100 g geriebener Bergkäse
- 4 Salbeiblätter
- 60 g Teebutter
- 3 Fenchelknollen
- ½ kg fest kochende Erdäpfel
- 8 Knoblauchzehen
- 2 EL Olivenöl

Die Zubereitung:

Backofen auf 200 °C vorheizen. Einen Bräter leicht ölen. Schneiden Sie das Karree der Länge nach tief ein, aber nicht durch, sodass es aufgeklappt werden kann. Jede Seite mit dem Fleischklopfer auf eine Dicke von ungefähr ½ cm klopfen, salzen und pfeffern. Apfel schälen, Kerngehäuse entfernen, würfeln. Die Marillen hacken. Alles mit dem Käse und dem fein geschnittenen Salbei vermischen.

1

1 Füllen Sie damit das Filet, dann klappen Sie es zu und binden es mit Küchenzwirn oder stecken es mit Zahnstochern in Abständen von 5 cm zusammen. Die Außenseite salzen und pfeffern. Lassen Sie die Teebutter in einer großen Pfanne aufschäumen und das Fleisch rundherum anbräunen. Dann legen Sie das Fleisch in den vorbereiteten Bräter. Den Fenchel in dünne Scheiben schneiden (Fenchelgrün aufbewahren), die Erdäpfel schälen und vierteln. Fenchel und Erdäpfel mit den geschälten Knoblauchzehen zum Fleisch geben und mit Olivenöl beträufeln. 20–30 Minuten im Ofen braten (ein Fleischthermometer sollte in der Mitte des Filets 70 °C anzeigen). Filets vom Zwirn bzw. von den Zahnstochern befreien, mit dem Gemüse auf einer vorgewärmten Platte anrichten, mit Fenchelgrün servieren.

Ein Tipp:

Eine Variante: Das Fleisch mit dünnen Speckstreifen beim Braten belegen.

KÄSESPÄTZLE

40 min.

Die Zutaten (für 4 Portionen):

- 150 g Bergkäse
- 150 g Emmentaler
- 40 dag Mehl (doppelgriffig)
- 2 Eier (max. 3)
- ca. 1/8 l Wasser (je nach Größe der Eier, denn der Teig muss feucht sein)
- 3 Zwiebel
- 3 EL Teebutter
- Salz
- Pfeffer aus der Mühle
- 2 EL ÖL

Die Zubereitung:

Die Hälfte der Zwiebel fein hacken, die andere Hälfte zu Ringen schneiden. Nachdem Sie den Käse grob gerieben haben, machen Sie sich an den Teig. Dieser Teig besteht aus Mehl, einer Prise Salz, Wasser und Ei. Den Teig nicht zu glatt schlagen. Wasser, Mehl und Ei sollen lediglich vermischt sein, nicht mehr. An den fertigen Spätzle muss man das Weiße und das Gelbe vom Ei noch unterscheiden können! Kocht das stark gesalzene Wasser im großen Topf, bereiten Sie schnell den Teig zu. Er muss ganz kurz vor dem Kochen zubereitet werden. Diesen Teig reiben Sie durch den Nockerlhobel in das kochende Wasser. Schwimmen die Spätzle oben auf dem Wasser, sind sie fertig.

Dann seihen Sie die Spätzle ab und legen eine Schicht davon in eine vorgewärmte Schüssel, mit einer Schicht Käse bedecken, darauf eine Schicht Spätzle – diesen Vorgang wiederholen. Dazu gießen Sie einen Esslöffel heißes Salzwasser.

Den Zwiebel rösten - den gehackten Zwiebel unter die Spätzle mengen, die Zwiebel-Ringe vor dem Anrichten darüber streuen und mit zerlassener Teebutter die Spätzle übergießen und mit Pfeffer bestreuen.

Ein Tipp:

Zwiebelringe vor dem Rösten mit Mehl bestäuben.

KÄSEKUCHEN

60 min. (ohne Mürbteig)

Die Zutaten (für 4 Portionen):

- 450 g fertiger Mürbteig (oder Rezept Seite 146)
- Muskatnuss
- Thymian
- Petersilie
- 1 geriebener, saurer Apfel
- 3 gekochte, speckige Erdäpfel
- 1 große Zwiebel
- 1 Lauch
- 2 EL Teebutter
- 200 g Bergkäse
- 1 Eigelb
- 200 ml Schlagobers
- 1 Ei
- Salz, Pfeffer
- 80 g durchzogene Speckwürfel

Die Zubereitung:

1 Legen Sie die mehrmals mit Teebutter bestrichene Kuchenform mit Teig aus. Kartoffeln schälen und grob raspeln. Lauch und Zwiebeln in feine Streifen schneiden und in Teebutter hellgelb dünsten. Käse in feine Streifen schneiden. Kräuter fein hacken. Verteilen Sie zuerst die Kartoffeln, dann den Lauch, die Zwiebeln, die Speckwürfeln und die gehackten Kräuter auf dem Teigboden. Würzen Sie
2 das Ganze gut durch. Darüber verteilen Sie den Käse und den geriebenen Apfel.

1

2

Den Kuchen mit Eigelb bestreichen und im heissen Backrohr bei 180 °C rund 25 Minuten backen. Schlagobers mit Ei gut versprudeln, kräftig würzen und auf dem Kuchen verteilen. Fertig backen.

Ein Tipp:

Sie können auch noch Schinken in die Masse geben.

BIRNEN-KÄSE-STRUDEL

45 min.

Die Zutaten (für 4 Portionen):

- 250 g Lauch
- 2 Williamsbirnen (nicht zu hart)
- 250 g Bergkäse
- Salz
- Pfeffer
- 1 Pkg. Blätterteig
- 1 Eidotter

für die Kräutersoße:

- 2 Eidotter
- 2 cl Gemüsesuppe
- 2 cl Weißwein
- Salz
- 1 EL zerlassene Teebutter
- ½ TL Schnittlauch
- ½ TL Basilikum
- ev. ½ TL Zitronenmelisse

Die Zubereitung:

Schneiden Sie den geputzten Lauch in 1 cm dicke Scheiben. Die vom Kerngehäuse befreiten Birnen würfeln Sie gemeinsam mit dem Käse klein. Vermischen Sie die Birnen- und Käsewürfel mit Lauch. Das Ganze würzen Sie mit Salz und Pfeffer. Legen Sie den Blätterteig auf einem Backpapier aus. Etwa ein Drittel der Fläche belegen Sie mit der Lauch-Birnen-Käse-Masse. Blätterteig einrollen und mit einem verquirlten Eidotter bestreichen. Dann legen Sie den Strudel auf ein mit Backpapier belegtes Backblech und backen ihn im vorgeheizten Rohr bei 220 °C etwa 20 Minuten.

Für die Kräutersoße schlagen Sie die beiden Eigelb, die Gemüsesuppe, den Weißwein und das Salz im warmen Wasserbad schaumig. Die zerlassene Teebutter und die fein gehackten Kräuter rühren Sie unter – eventuell nochmals mit Salz abschmecken. Dann richten Sie den Strudel mit der Soße auf Tellern an und garnieren ihn mit fein gehacktem Schnittlauch.

Ein Tipp:

Wir empfehlen grünen Blättsalat zu diesem Gericht.

GRÜNER SPARGEL IM KÄSETEIG

35 min.

Die Zutaten (für 16 Portionen):

- 120 g Mehl
- 4 EL Maizena
- 2 Eier
- 2 EL Öl
- 160 g Bergkäse
- Salz
- Pfeffer
- 2 Eiweiß
- 24 Stangen grüner Spargel
- Öl zum Frittieren
- 1/8 l Weißwein

für die Kräutersoße:

- 200 g Sauerrahm
- 150 g Crème fraîche
- 1 kleine Schalotte
- 1 EL Schnittlauch
- 1 El fein gehackte Petersilie
- 1 Knoblauchzehe
- 1 EL Kerbel
- 1 TL Zitronensaft
- Salz
- Pfeffer

Die Zubereitung:

Verrühren Sie Maizena, Eier, Weißwein und Öl zu einem glatten Teig. Den fein geriebenen Käse rühren Sie unter den Teig. Dann würzen Sie den Teig mit Salz und Pfeffer und lassen ihn eine halbe Stunde ruhen. Dann schlagen Sie das Eiweiß steif und heben Sie es unter den Teig. Für die Kräutersoße rühren Sie Rahm und Crème fraîche glatt. Die fein gewürfelten Schalotten geben Sie mit den Kräutern in diese Masse, die Sie mit Zitronensaft, Salz und Pfeffer würzen. Spargelstangen blanchieren, Enden abschneiden. Erhitzen Sie das Frittieröl auf 170 °C. Tauchen Sie die Spargelstangen in den Teig, den Sie in eine flache Schale gefüllt haben. Backen Sie die Stangen Portion für Portion, solange bis der Teig goldbraun ist (4–5 Minuten). Dann greifen Sie zur Schaumkelle, nehmen den im Käseteig überbackenen Spargel heraus und lassen ihn abtropfen. Zum Warmhalten legen Sie ihn in den auf ca. 70 °C (Gas 1, Umluft 60 °C) erhitzten Backofen.

Ein Tipp:

Besonders empfehlenswert dazu: feine Kräutersoße.

ÜBERBACKENER SELCHKÄSE MIT ROTWEINBIRNE

45 min.

Die Zutaten (für 4 Portionen):

- 400 g Selchkäse
- 60 g brauner Zucker

für die Rotweinbirne:

- 1 Vanilleschote
- 750 ml Rotwein
- 200 ml Portwein
- 100 g Zucker
- 1 kleines Stück Zimtstange
- 1 Sternanis
- 1 kleines Stück Orangenschale (unbehandelt)
- 4 kleine, feste Birnen
- Teebutter
- Melisse oder Minze

Die Zubereitung:

Schneiden Sie die Vanilleschote der Länge nach auf, kratzen Sie das Mark heraus. Weine, Zucker, Zimt, Sternanis, Orangenschale, Vanillemark lassen Sie in einem Topf (die Birnen sollen gut hineinpassen) aufkochen. Birnen schälen, in den Fond stellen und mit Flüssigkeit gut bedeckt bissfest köcheln lassen.

1

Heizen Sie inzwischen das Rohr auf Grillstellung vor und streichen Sie die Auflaufform mit Teebutter aus. Den Selchkäse schneiden Sie in 4 Tortenstücke. 1 Setzen Sie den Käse in die Form mit der Schnittfläche nach oben und bestreuen Sie ihn mit braunem Zucker. Im Rohr überbacken, bis der Käse zu schmelzen beginnt und der Zucker karamellisiert. Lassen Sie die aus dem Fond gehobenen Birnen abtropfen. Dann richten Sie die Birnen mit Käse an und garnieren mit Melisse oder Minze.

Ein Tipp:

Mit Weißbrot und Rotwein genießen!

ERDÄPFEL MIT KÄSE ÜBERBACKEN

40 min.

Die Zutaten (für 4 Portionen):

- 6 speckige Erdäpfel (je ca. 100 g)
- Salat

- **zum Überbacken:**
- 50 g Hartkäse (zB Asmonte, etc)
- 50 g Schlierbacher
- 1 Dotter
- 3 EL Milch
- 2 Jungzwiebel
- 20 g Semmelbrösel
- 1 EL Petersilie (fein geschnitten)
- 2 Knoblauchzehen
- 4 EL Majoran

Die Zubereitung:

Gewaschene Erdäpfel im Salzwasser bissfest kochen (ca. 25 Minuten).

Asmonte fein reiben, Schlierbacher zerkleinern. Beide Käse, Dotter, Milch, Brösel und Petersilie vermischen. Masse mit Salz, Pfeffer, Majoran und zerdrücktem Knoblauch würzen. Rohr auf 190 °C vorheizen. Backblech mit Backpapier auslegen.

Die Erdäpfel längs halbieren, Hälften am Boden ein wenig abflachen und die Käsemasse darauf verteilen. Erdäpfel auf das Blech setzen und im Rohr (mittlere Schiene) überbacken (ca. 20 Minuten). Erdäpfel mit Salat servieren.

Ein Tipp:

Wenn man die Speise geschmacklich milder haben möchte, kann man statt Schlierbacher auch Brie verwenden.

KLASSISCHES RACLETTE AUF KÜMMEL-ERDÄPFEL

15 min. (Vorbereitung)

Die Zutaten (für 4 Portionen):

- 400 g Raclettekäse
- 200 g Rahmbrie
- 200 g Schinken
- 200 g Champignons
- 3 speckige Erdäpfel
- 3 Tomaten
- 2 Paprika
- 2 Birnen
- Preiselbeerkompott
- Pfeffer

zum Bestreuen:

- gebratener Speck
- Kümmel
- 1 EL fein gehackte Petersilie

Die Zubereitung:

Schneiden Sie Raclettekäse und Rahmbrie in pfannengerechte Scheiben. Diese richten Sie auf einer Platte an. Gekochte, in Scheiben geschnittene Erdäpfel, blättrig geschnittene Champignons, Paprikastreifen, Tomatenscheiben sowie Birnenspalten und Preiselbeeren separat in Schälchen anrichten. Für die herzhafte Variante legen Sie Raclettekäse in das Pfännchen. Nach Geschmack geben Sie pikante Zutaten auf den Käse, die Sie mit einer weiteren Scheibe Käse abdecken. Rahmbrie mit Birnenspalten und Preiselbeeren kombinieren. Nach einigen Minuten schmilzt der Käse. Dann ist es Zeit, das Pfännchen aus dem Raclette zu nehmen. Über die Erdäpfel leeren und mit Kümmel und gebratenem Speck bestreuen. Als Beilage servieren Sie würziges Bauernbrot oder frisches Weißbrot.

Ein Tipp:

Zum klassischen Raclette sind gebratener Speck und Erdäpfel mit Kümmel „Pflicht". Die moderne Küche erlaubt aber auch ausgefallene Varianten wie Fisch oder frische Früchte.

ERDÄPFEL-LASAGNE MIT BIRNEN-TOMATEN-CHUTNEY

40 min.

Die Zutaten (für 4 Portionen):

- 750 g speckige, große, gekochte Erdäpfel
- 500 g Raclettkäse
- Salz, Pfeffer
- 1/8 l Rahm
- 50 g Schweineschmalz
- 2 Knoblauchzehen
- 50 g gewürfelter durchzogener Schweinespeck
- Rosmarin

für das Birnen-Tomaten-Chutney:

- 20 g geriebene Ingwerwurzel
- 100 g Schalotte
- 70 g Kristallzucker
- 3 Gewürznelken
- 2 Birnen
- 1 TL Apfelessig
- 1 saurer Apfel
- 1 Orange
- Saft einer Zitrone
- 1 EL Rosinen
- 1 geschälte, gewürfelte Tomate (ev. aus der Dose)
- Salz
- Cayennepfeffer
- geriebene Muskatnuss

Die Zubereitung:

Schneiden Sie die geschälten Erdäpfel in Scheiben. Den Käse hobeln Sie mit dem Käsehobel. In einer Auflaufform rösten Sie Speck im Schmalz an, zerdrücken die Knoblauchzehe und geben sie dazu. Nehmen Sie die Auflaufform vom Herd und streichen Sie die Ränder der Form mit Fett aus. Die Auflaufform mit einer Lage Erdäpfelscheiben belegen, würzen – auf diese kommt eine Lage Käsescheiben, darauf wieder eine Lage gewürzte Erdäpfelscheiben. Wiederholen Sie dieses Prozedere bis die Auflaufform gefüllt ist – schließen Sie mit einer Erdäpfelschicht ab und übergießen die Lasagne mit dem versprudelten Rahm. Stellen Sie die Lasagne ins vorgeheizte Backrohr und backen sie mit 200 °C rund 10 Minuten. Apfel und Birnen schälen und entkernen. Den Apfel und eine Birne mit einer Apfelreibe fein reiben, eine Birne in Spalten schneiden, alles mit Zitronensaft beträufeln. Birnenspalten beiseite geben. Schalotten schälen und würfeln, Orange schälen, Fruchtfleisch in Stücke schneiden, mit der Apfel-Birnenmasse und den anderen Zutaten unter ständigem Rühren rund 8 Minuten kochen bis die Masse etwas eindickt. Danach geben Sie die Birnenspalten dazu, lassen das Ganze kurz aufkochen und servieren es mit der Erdäpfel-Lasagne.

Ein Tipp:

Damit die Erdäpfel fest und speckig bleiben, geben sie ins Kochwasser eine Handvoll Salz.

GRATINIERTE FEIGEN MIT KÄSE UND HASELNÜSSEN

15 min.

Die Zutaten (für 4 Portionen):

- 2 EL Haselnusskerne
- 2 Limetten
- 2 Äpfel, Birnen oder Orangen
- 8 kleine frische Feigen
- grober Pfeffer aus der Mühle
- 400 g Raclettkäse

Die Zubereitung:

Haselnüsse grob hacken. In einer beschichteten Pfanne ohne Fett anrösten und herausnehmen. Eine Limette heiß abspülen, trocken reiben und in dünne Scheiben schneiden. Dann pressen Sie die zweite Limette aus, schälen die Orangen so, dass die weiße Haut mitentfernt wird. Die Orangen in Scheiben schneiden. Die etwas dicker geschnittenen Feigen beträufeln Sie mit Limettensaft.

Orangen, Feigen, Limettenscheiben und Haselnüsse schichten Sie in eine Auflaufform. Darüber mahlen Sie den groben Pfeffer. Den auf einer Reibe fein geriebenen Käse verteilen Sie auf den Früchten. Im vorgeheizten Elektroherd bei 200 °C, Umluft 180° C, Gas Stufe 3, gratinieren Sie das Gericht 10 Minuten.

Ein Tipp:

Vorzüglich dazu mundet ein knuspriges Baguette.

KÄSE-FONDUE-VARIATION

30 min.

Die Zutaten (für 4 Portionen):

- 400 g Bergbaron
- 200 g Bergkäse
- 1 Knoblauchzehe
- $^3/_8$ l trockener Weißwein
- 2 EL Maizena
- 4 EL Kirschschnaps
- 1 Wecken Weißbrot oder 2 Baguettes
- Salz, Pfeffer, Muskatnuss

Variationen:

1) Bergkäse
   Emmentaler

2) Kapuzinerberg
   Traunsteinkönig
   Moosbacher

3) Statt Wein, Most verwenden

Die Zubereitung:

Streichen Sie den Fonduetopf mit halbierten Knoblauchzehen aus. Stärkemehl mit Kirschschnaps verrühren. Raspeln Sie den Käse grob auf einer Küchenreibe. Dann mischen Sie die Käse mit dem Wein im Topf. Unter ständigem Rühren auf kleiner Flamme erhitzen. Sobald die Käsemischung aufkocht, Stärkemehl einrühren und das Fondue kurz aufkochen. Mit Salz, Pfeffer und geriebener Muskatnuss abschmecken und rasch zu Tisch bringen. Während des Essens auf einem Spirituskocher mit regulierbarer Flamme weiterköcheln lassen (nicht kochen!!!). Zeitweise immer wieder umrühren, damit das Fondue sämig bleibt.

Ein Tipp:

Fleisch, Weißbrot, Baguette oder auch Trauben, Äpfel, Birnen usw. in Würfel schneiden und als Beilage zum Eintauchen servieren.

Die richtigen Arbeitsutensilien für ein gelungenes Fondue finden Sie auf Seite 183.

BIRNEN-TARTELETTES MIT BLAUSCHIMMELKÄSE UND ROSMARIN

50 min. (ohne Kühlzeit, inkl. Mürbteig)

Die Zutaten (4 Portionen):

für den Mürbteig:

- 250 g Weizenmehl
- 175 g gut gekühlte Teebutter, klein geschnitten
- 1 Ei, verschlagen
- 1 Prise Salz

für die Fülle:

- 2 kleine Eiweiß
- 250 g Dolce Bianca
- 1 EL Crème fraîche
- 1 EL fein gehackter frischer Rosmarin, außerdem
- einige Rosmarinnadeln zum Garnieren
- 50 g (4 EL) Teebutter, außerdem etwas zerlassene Teebutter zum Bestreichen
- 2 große vollreife, aber feste Birnen, geschält, das Kerngehäuse entfernt und längs in 1 cm dicke Spalten geschnitten
- 1 EL extrafeiner Zucker
- 1 TL Kreuzkümmel
- zum Glasieren: 2 Eigelb mit 1 EL Milch verschlagen
- Salz
- Frisch gemahlener schwarzer Pfeffer

Die Zubereitung:

für den Mürbteig:
Sieben Sie das Mehl auf eine saubere Arbeitsfläche oder in eine große Schüssel. Auf dem Mehl verteilen Sie die Butterstücke. Mehl und Teebutter verkneten Sie möglichst rasch. In die Mitte drücken Sie eine Vertiefung ein, um das verschlagene Ei und die Prise Salz einzufüllen. Dann verkneten Sie die Masse mit den Händen zu einem glatten Teig und formen daraus eine Kugel. Die Teigkugel wickeln Sie in Frischhaltefolie und lassen sie bis zur weiteren Verwendung rund eine Stunde kühl rasten.

für die Birnen-Tartelettes:
Schlagen Sie das Eiweiß schaumig. Den Käse, den Sie in eine Schüssel gegeben haben, zerdrücken Sie leicht mit einer Gabel. Dann ziehen Sie Eischnee und Crème fraîche unter. Die Masse mit Salz und Pfeffer abschmecken und gut durchkühlen lassen. Rollen Sie den Mürbteig etwa einen halben Zentimeter dünn aus. Dann schneiden Sie mit einem glatten oder gezackten Teigrädchen vier runde Platten von je 15 Zentimeter Durchmesser aus. Diese Plättchen legen Sie in kleine gefettete Formen. Legen Sie Plättchen auch auf den Rand hinauf und stechen Sie mehrmals mit einer Gabel ein, damit die Tartelettes beim Backen nicht zu sehr aufgehen. Die Käsemischung verteilen Sie auf den Teigboden. Die Tartelettes bestreuen Sie mit gehacktem Rosmarin und stellen sie dann in den Kühlschrank. Die Teebutter in einer Pfanne zerlassen, Zucker und etwas Wasser zufügen, ein bißchen einkochen lassen, die Birnenspalten hineingeben und ca. 3–4 Minuten köcheln lassen. Abkühlen lassen. Ordnen Sie die Birnenspalten fächerförmig auf den Tartelettes an und bestreichen sie mit der zerlassenen Teebutter. Darauf streuen Sie Kreuzkümmel und ein paar Rosmarinnadeln, ein Prise Salz und Pfeffer. Bestreichen Sie die Teigränder mit dem verschlagenen Eigelb und backen Sie die Tartelettes im vorgeheizten Backrohr goldbraun. Das dauert zwischen 15 und 20 Minuten.

Ein Tipp:

Die Birnen-Tartelettes können im voraus backfertig zubereitet werden.

GESCHMORTER OFENKÜRBIS MIT FENCHEL UND BLAUSCHIMMELKÄSE

30 min.

Die Zutaten (für 4 Portionen):

- 200 g grünen Edelschimmelkäse (zB Österkron, etc.)
- 600 g Kürbis
- 2 EL Olivenöl
- 1 Prise Zimt
- gestoßener Pfeffer, 1 Prise Salz
- 2 Fenchelknollen
- 2 TL Kürbiskernöl
- 2 EL Honig
- 1 unbehandelte Zitrone
- 50 g geröstete Kürbiskerne
- Kresse

Die Zubereitung:

Schneiden Sie den Kürbis in 2 cm breite Spalten. Sobald Sie ihn geschält und entkernt haben, würzen Sie ihn mit Zitronensaft, Zimt und Pfeffer. Dann braten Sie den Kürbis auf einem Blech, das mit einer (mit Olivenöl bestrichenen) Alufolie ausgelegt ist, 15–20 Minuten bissfest. Achten Sie darauf, dass das Rohr auf 170 °C vorgeheizt ist.

Die Fenchelknollen schneiden Sie in Streifen und beträufeln diese mit Zitronensaft. Nach 10 Minuten Bratzeit legen Sie den Fenchel zum Kürbis auf das Blech und lassen alles fertig schmoren.

Honig mit Zitronensaft verrühren, Kürbis und Fenchel auf dem Teller anrichten und mit Zitronensoße und Kürbiskernöl beträufeln. Den in Stücke gebrochenen Käse legen Sie auf den heißen Kürbis. Zum Dekorieren eignen sich besonders gut Kürbiskerne und Kresse.

Ein Tipp:

Die Kürbiskerne schmecken geröstet besser.

KÄSESCHNECKEN

30 min.

Die Zutaten (für 4 Personen):

- 1 Pkg. Blätterteig
- 100 g grünen Edelschimmelkäse (zB Österkron, etc.)
- 50 g Brie
- 2 weiche Birnen
- 3 EL gehackte Walnüsse
- 1 Eidotter
- 2 EL Teebutter

Die Zubereitung:

1 Rollen Sie den Teig lt. Packung auf. Birnen schälen und in Spalten schneiden. Käse in dünne Scheiben schneiden. Bestreichen Sie den Teig mit flüssiger Teebutter. Legen Sie Birnen und Käse auf eine Hälfte des Teiges, den frei gelassenen Rand bestreuen Sie mit den Nüssen. Dann schlagen Sie den Teigrand ein und rollen den Teig eng auf.

1

2 Schneiden Sie die Teigrolle in zwei Zentimeter dicke Scheiben und legen Sie die Scheiben auf das mit Backpapier belegte Backblech. Jetzt bestreichen Sie die Scheiben mit dem versprudelten Eidotter. Im vorgeheizten Backrohr bei 170 °C ca. 15 Minuten backen – mit Salat servieren.

2

Ein Tipp:

Wer Rosinen mag, kann die Fülle damit verfeinern.

BANDNUDELN IN ÖSTERKRON-SOSSE MIT ZUCCHINI-KAROTTEN-CARPACCIO

15 min.

Die Zutaten (für 4 Portionen):

- 500 g Bandnudeln
- 200 g Österkron
- 2 Zucchini
- 2 dicke Karotten
- 2 Eidotter
- 1/4 l Schlagobers
- 2-3 Knoblauchzehen
- 2 EL gehackte Pistazien
- Salz, Pfeffer

Die Zubereitung:

1 Zucchini und Karotten blättrig dünn hobeln, Karottenblätter kurz blanchieren, mit Salz, Pfeffer und gepresstem Knoblauch würzen. Übergießen Sie die klein geschnittenen Österkron-Stücke mit Obers. Lassen Sie die Stückchen unter ständigem Rühren aufkochen und bei kleiner Flamme etwas eindicken. Dann nehmen Sie die Käsesoße vom Herd und rühren Eidotter ein.

Al dente gekochte Nudeln mit Karotten-Zucchini-Carpaccio und Österkron-Soße vermengen. Zum Bestreuen verwenden Sie die gehackten Pistazien.

Ein Tipp:

Das Gemüse hobelt man am Besten mit einem Gemüseschäler.

GEBRATENER SAIBLING MIT KÄSESOSSE UND GLASIERTEN BIRNEN

30 min.

Die Zutaten (für 4 Personen):

- 4 Fischfilets
- 4 Birnen
- 6 Schalotten
- 150 g Österkron
- 200 ml Schlagobers
- 3 TL Zucker
- 4 EL Olivenöl
- Saft einer Zitrone
- Salz, Pfeffer

Die Zubereitung:

Fischfilets waschen, trocken tupfen, würzen und mit Zitronensaft marinieren. Dann schälen Sie Birnen und Schalotten, schneiden diese in Scheiben und braten sie kurz in heißem Fett an. Danach Birnen und Schalotten in der Pfanne mit Zucker bestreuen und kurz karamellisieren lassen.

Schlagobers aufkochen, den Käse einbröckeln und bei niedriger Hitze schmelzen und eindicken lassen. Braten Sie die Fischfilets beidseitig je 3–4 Minuten an und übergießen die Filets mit der Käsesoße. Richten Sie die Fischfilets mit Birnen und Schalotten an.

Ein Tipp:

Es eignen sich auch Zander und Wolfsbarsch für dieses delikate Gericht.

GRATINIERTE KÄSE-BIRNEN-PUFFER

50 min.

Die Zutaten (für 4 Portionen):

- 1 kg fest kochende Erdäpfel
- 1 Zwiebel
- 1 Ei
- Salz
- Pfeffer
- 3–4 EL Öl oder Butterschmalz
- 150 g Österkron
- 2 Birnen
- 1–2 EL Zitronensaft
- 100 g Wild-Preiselbeeren

Die Zubereitung:

Geschälte Erdäpfel und Zwiebel grob raspeln. Ei, Salz und Pfeffer unterrühren. Öl portionsweise in einer großen Pfanne erhitzen. Aus der Erdäpfelmasse backen Sie zehn bis zwölf Puffer, die Sie zwischendurch einmal wenden. Puffer auf ein mit Backpapier ausgelegtes Blech geben.

Käse würfeln. Birnen waschen, vierteln, entkernen und in dünne Scheiben schneiden oder hobeln und mit Zitronensaft beträufeln. Die Birnen verteilen Sie auf die Puffer, dann streuen Sie Käse darüber. Im vorgeheizten Backofen (E-Herd: 225 °C, Umluft: 200 °C, Gas: Stufe 4) überbacken Sie die Käse-Birnen-Puffer 5–7 Minuten. Dazu garnieren Sie Preiselbeeren.

Ein Tipp:

Geben Sie nicht zu viele Puffer auf einmal ins heiße Fett, da sie sonst leicht zusammenbacken. Wenden Sie die Puffer erst dann, wenn die Ränder braun werden.

WAS MAN ZU KÄSE TRINKT

ESSEN UND TRINKEN HÄLT LEIB UND SEELE ZUSAMMEN. FÜR DIE MEISTEN MENSCHEN ZÄHLEN GUTES ESSEN UND WEIN ZU DEN GRÖSSTEN GENÜSSEN. DER PERSÖNLICHE GESCHMACK LÄSST JEDEM EINZELNEN SEINEN SPIELRAUM FÜR KREATIVITÄT UND GRUNDSÄTZLICH GILT: ALLES WAS SCHMECKT HAT SEINE RICHTIGKEIT.

Geschmäcker sind eben verschieden. Darum unterliegt die Kunst der Harmonie zwischen Käse und Getränken auch keinen starren Regeln. Allerdings möchten wir Ihnen ein paar Richtlinien servieren, die den Weg zu einer gelungenen Harmonie erleichtern.

Quelque chose à boire? Etwas zu trinken?

Käseexperten wissen, dass die Getränkeauswahl gut überlegt sein will, denn sie rundet das Geschmackserlebnis erst so richtig ab. Zur Neutralisierung Ihrer Geschmackssinne empfiehlt sich vorab ein Schluck Wasser bzw. Mineral. Erst dann sollten Sie zu Wein, Bier, Sekt, Champagner, Most oder Fruchtsäften greifen. Jeder Käseliebhaber wählt seinen „Favoriten" für den persönlichen Hochgenuss.

Käse und Wein

Beide verbindet eine jahrtausendlange Geschichte. Für die Entwicklung ihrer Aromen brauchen sie Zeit und Pflege. Erst danach entfalten sie ihre unverwechselbaren Charaktere, bringen ihre Vielfalt an Farben, Düften und Geschmäckern ins kulinarische Spiel. Weine und Käse sind wahre Verführer, die zu einem besonderen Rendezvous der Sinne einladen, aber auch zu Entdeckungsreisen in neue Geschmackswelten.

Käse und Bier

Wer Käse und Bier kombiniert, kommt in den Genuss des appetitanregenden, leicht süßlichen bis bitteren Geschmacks von Bier mit dem leicht sättigenden, mild bis würzigen Milchprodukt Käse. Diese Geschmacksgegensätze harmonieren gut und zeichnen eine besondere kulinarische Verbindung aus. Während Starkbiere wie Bockbier vorzüglich zu den kräftigen Käsesorten passen, eignen sich helle Biere und Biermischgetränke wie Radler zu eher milderen Käsesorten. Ein malzbetontes Märzen mit seiner leichten Süße geht mit blauen Edelschimmelkäsen eine genussvolle Verbindung ein.

Folgende Grundregeln vereinfachen die Käse-Getränke-Harmonie:

- Wein vor Bier
- Weißwein vor Rotwein
- Rotwein vor Dessertwein
- Trockene vor süßen Weinen

Käse und Getränke aus der Region

Eine Kombination, die sich fast immer anbietet, sind Käse und Getränke aus der gleichen Region. Diese Harmonie ergibt sich aus den gleichen geografischen und klimatischen Gegebenheiten. Most, Apfel-, Birnen-, Traubensaft, aber auch andere Säfte passen ebenfalls vorzüglich zu heimischen Käsesorten. Eine besonders runde Verbindung gehen junge und dezente Käse mit einem leichten Getränk ein. Ein Glas Wasser, leichte Säfte oder ein leichter Sommerspritzer sind vorzügliche Begleiter zu Käse. Zu einem älteren oder kräftigeren Käse reicht man besser einen länger gelagerten und eventuell ausgebauten Tropfen. Wer gern zu Tee greift, sollte sich für einen Früchtetee entscheiden. Der rundet den Genuss von mildem Käse aber auch würzigem Hartkäse perfekt ab. Gerade am Frühstückstisch harmonieren Früchtetee oder Säfte und Käse ausgezeichnet. Zu ganz besonderen Anlässen sorgt Champagner für das Tüpfelchen auf dem „i". Champagner setzt zu Weichkäsen mit Edelschimmelbildung einen exzellenten Akzent.

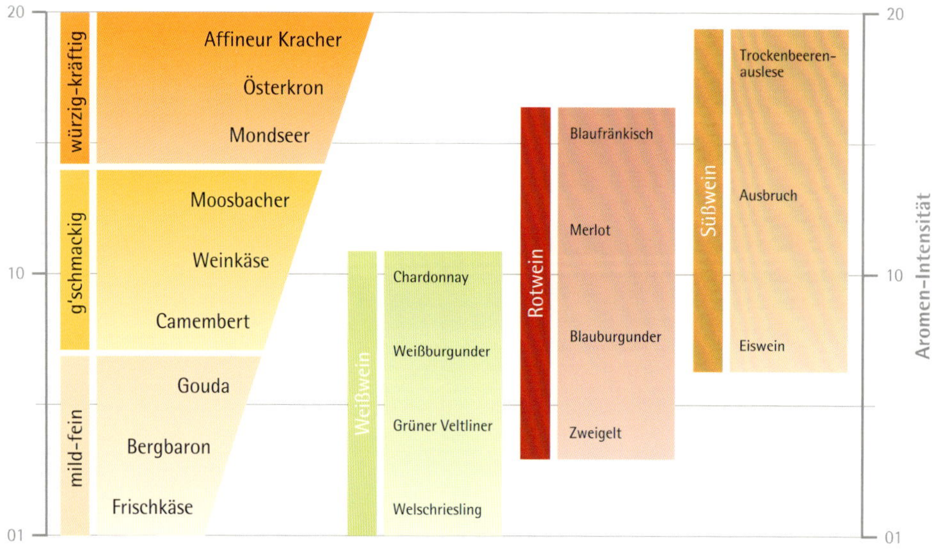

WELCHES BROT MAN ZU KÄSE SERVIERT

ÖSTERREICH HAT EINE VIELFALT AN BROTEN UND KLEINGEBÄCK. VOM HERZHAFTEN SCHWARZBROT ÜBER KRÄFTIGE ROGGEN- UND ROGGENMISCHBROTE BIS HIN ZUM FEINEN JOURGEBÄCK, DIE PALETTE IST RIESENGROSS. AUCH HIER GILT ALS FAUSTREGEL: MAN WÄHLE, WAS SCHMECKT.

Man nehme ein Stück Käse und reiche dazu Brot. Diese einfache Kombination ist immer eine Gaumenfreude. Wichtig bei der Kombination ist das Gaumengefühl, das Käse und Brot in ihrer Verbindung hinterlassen.

Brot und Käse – Genusskultur pur

Es liegt fünftausend Jahre zurück, als die Ägypter Fladenbrote backten. Seither hat Brot unsere Genusskultur erobert. Man geht davon aus, dass über 250 Brotsorten im deutschsprachigen Raum vorrätig sind. Mischbrote aus Weizen- und Roggenmehl zählen bei uns zu den beliebtesten Brotsorten. Aber auch Brote mit Zusätzen wie Dinkel, Hirse, Kamut und Amaranth stehen in der Gunst der Feinschmecker.

Brot-Tipps und mehr

Dunkles Brot zu würzig-kräftigen Käsesorten. Vollmundiges Schwarzbrot und kräftiger Käse gehen eine gelungene Harmonie ein. Bei Frischkäse hingegen empfehlen wir helles Brot wie Baguettes, Jourgebäck usw. Zu Käsesorten mit cremiger Konsistenz wie blauem Edelschimmelkäse oder Rotkulturkäse reichen Sie am besten helles Brot. Der weiche Schmelz des Käses und die flaumige Kruste des Weißbrotes sorgen für einen weichen, gaumenrunden Abgang. Als besonderes Highlight in der Verkostung erweist sich das Nussbrot. Dieses Brot entlockt feinem Käse den Nuancenreichtum an Aromen und mildert die Note würziger Käsesorten. Nussbrot bringt aber auch die erdigen Aromen diverser Edelschimmelkäse zur vollen Entfaltung. Das feine Röstaroma der Rinde sorgt in Kombination mit Käse für einen besonders harmonischen Abgang. Eher dunkles Brot bzw. Schwarzbrot eignet sich als idealer Begleiter für nahezu alle Käsesorten. Die Mischung aus hohem Roggenmehl- und Sauerteigteil macht Schwarzbrot im Inneren - durch seine Kruste - besonders saftig. Auf das Zusammenspiel kommt es an. Wenn Sie Baguette, Nussbrot und/oder dunkles Brot zu Käse reichen, liegen Sie immer richtig. Brote, die vom Charakter her eher neutral im Geschmack sind, sollten nicht gereicht werden. Warum? Weil diese Partnerschaft zu einseitig ist und lediglich der Käse den Geschmack dominieren würde. Ebenso verpönt sind Brot und Gebäck mit Salz oder zu dominanten Gewürzen.

Bliny mit Frischkäse-Himbeer-Füllung, Seite 170

NACHSPEISEN

FRISCHKÄSE-ZIMTKNÖDEL MIT KÜRBISRÖSTER

40 min.

Die Zutaten (für 4 Portionen):

- 500 g Frischkäse (zB Gervais, etc.)
- 3 EL Maizena
- 4 EL Staubzucker
- 2 EL Grieß
- 2 Eier
- 400 g Kürbis
- 4 EL Honig
- ½ Zitrone
- 2 Zimtstangen
- 2 EL Teebutter
- 200 g geröstete Semmelbrösel
- 1 EL Zimt (gemahlen)
- Teebutter für Brösel
- Zesten* einer unbehandelten Zitrone

*Zesten sind hauchdünne Streifen aus der äußersten Schale von Zitrusfrüchten.

Die Zubereitung:

Vermengen Sie Gervais mit Maizena, Staubzucker, Bröseln, Grieß und Eiern zu einem Teig. Lassen Sie ihn 20 Minuten rasten. In der Zwischenzeit braten Sie den in Würfel geschnittenen Kürbis langsam in Honig und Zitronensaft bei geringer Hitze in der Pfanne an. Dann geben Sie Zimtstangen und Teebutter dazu. Sie können den Kürbis eventuell mit ein wenig Wasser aufgießen und weich köcheln. Halten Sie ihn bei geringer Temperatur warm.

Formen Sie die Teigmasse zu Knödeln und lassen Sie diese im Salzwasser rund 8 Minuten ziehen. Vermengen Sie die in Teebutter gerösteten Semmelbrösel mit dem gemahlenen Zimt. Dann nehmen Sie die Knödel aus dem Wasser, um sie in den gerösteten Semmelbröseln zu wälzen. Mit feinem Staubzucker bestaubt, servieren Sie die Frischkäse-Zimtknödel mit Zitronenzesten bestreutem Kürbisröster.

Ein Tipp:

Man kann den Kürbisröster mit 4 cl Birnenbrand verfeinern.

BEERENSALAT MIT FRISCHKÄSE-CREME

8 min.

Die Zutaten (für 4 Portionen):

- 300 g Frischkäse (zB Gervais, etc.)
- 1/4 l Schlagobers
- 3 EL Staubzucker
- 1 Vanilleschote
- 1 Handvoll Pfefferminzblättchen
- Saft einer halben Zitrone
- 500 g Beeren der Saison (Himbeeren, Brombeeren,
- Ribisel, Heidelbeeren usw.)

Die Zubereitung:

Verrühren Sie das halbsteif geschlagene Obers mit dem aufgerührten Frischkäse, mit Zucker, Zitronensaft und dem Mark der Vanilleschote. Die Frischkäse-Creme servieren Sie mit Beeren und Pfefferminzblättchen.

Ein Tipp:

Die Frischkäse-Creme garniert mit Fruchtsoßen ist auch sehr köstlich.

FRISCHKÄSE-SORBET AUF MARINIERTEN HIMBEEREN UND MARILLEN

35 min. (ohne Gefrierzeit)

Die Zutaten (für 4 Portionen):

für das Sorbet:

- 175 g Frischkäse (zB Gervais, etc.)
- ½ l Milch
- 175 g extrafeiner Kristallzucker
- Saft und Schale 1 unbehandelten Orange
- 2 EL Grenadine

für die Fruchtmarinade:

- 500 g Marillen
- 200 g Himbeeren
- 4 EL Grenadine
- 75 g Zucker
- 1 Zimtstange
- Saft und abgeriebene Schale von 1 unbehandelten Orange
- 350 ml süßer Weißwein
- Salz

Die Zubereitung:

Für das Sorbet bringen Sie Milch mit Zucker, Orangensaft und abgeriebene Orangenschale unter Rühren zum Kochen, bis sich der Zucker aufgelöst hat, dann lassen Sie die Flüssigkeit abkühlen. Frischkäse und Grenadine unter die aromatisierte Milch rühren, die Masse in eine flache Schüssel füllen und ins Gefrierfach stellen. Nach einer halben Stunde nehmen Sie die angefrorene Masse aus dem Fach und schlagen diese mit einem Mixer kräftig durch, so lösen sich die Eiskristalle auf. Dann stellen Sie die Masse wieder ins Gefrierfach. Diesen Vorgang wiederholen Sie 3–4 Mal.

Danach lassen Sie die Eismasse gefrieren. Für die Zubereitung der Fruchtmarinade den Wein mit Grenadine, Orangensaft und -schale, Zimtstange und Zucker zum Kochen bringen. Lassen Sie die Flüssigkeit um die Hälfte einkochen, dann geben Sie die geschälten und geviertelten Marillen dazu. Lassen Sie die Marillen so lange köcheln, bis sie weich sind. Die Marillen vom Herd nehmen und die Himbeeren zugeben. Vom fertigen Sorbet stechen Sie Kugeln aus, die Sie mit den noch heißen Marillen und Himbeeren servieren.

Ein Tipp:

Mit gehackten Nüssen und Zitronenmelisse lässt sich das Sorbet variieren.

BLINY MIT FRISCHKÄSE-HIMBEER-FÜLLUNG

35 min.

Die Zutaten (für 4 Portionen):

- 20 g extrafeiner Zucker
- fein abgeriebene Schale von einer unbehandelten Zitrone
- 100 g Mehl
- 1 knapper TL Backpulver
- 2 TL zerlassene Teebutter
- 150 ml Milch
- 2 Eier
- Salz und Zucker
- 3 EL Öl
- 4 EL Frischkäse (zB Landfrischkäse, etc.)
- 8 frische Himbeeren
- Staubzucker zum Bestäuben
- frische Minze zum Garnieren

für die Soße:

- 250 g frische Himbeeren
- Saft von ½ Zitrone
- 75 g Staubzucker

Die Zubereitung:

Für die Bliny mischen Sie Zucker und abgeriebene Zitronenschale, um die ätherischen Öle zu binden. Das Mehl mit dem Backpulver sieben Sie in eine Schüssel. Dann rühren Sie den Zucker mit der Zitronenschale unter. In einer anderen Schüssel verrühren Sie die zerlassene Teebutter mit Milch und Eigelb, dann sieben Sie nach und nach das Mehl ein, sodass ein glatter, dünnflüssiger Teig entsteht. Das Eiweiß mit je einer Prise Salz und Zucker zu steifem Schnee schlagen, dann vorsichtig unter den Teig ziehen. Den Pfannkuchenteig fünf Minuten ruhen lassen. In der Zwischenzeit bereiten Sie die Soße zu. Dazu die Himbeeren im Mixer pürieren, dann durch ein feines Sieb streichen. Zitronensaft und Staubzucker unterrühren, abschmecken. Zum Ausbacken der Bliny das Öl in einer schweren Bratpfanne (oder in kleinen Bliny-Pfännchen, falls vorhanden) langsam erhitzen. Pro Pfannkuchen 2 Esslöffel Teig hinein geben (ergibt einen Blin von etwa 8 cm Durchmesser) und bei schwacher Hitze etwa 2 Minuten backen. Sobald sich an der Oberfläche Bläschen zeigen, Blin wenden und auf der anderen Seite goldbraun backen. Die fertigen Bliny warm halten, bis alle – insgesamt acht Stück – fertig gebacken sind. Den Frischkäse behutsam auf die vier Bliny streichen – die restlichen vier als Deckel drauflegen. Setzen Sie jedem Blin einen Löffel Frischkäse und eine Himbeere in der Mitte auf. Zum Garnieren verwenden Sie Minze. Mit Staubzucker bestäuben und mit Himbeersoße umgießen.

Ein Tipp:

Tauschen Sie 2 Esslöffel Mehl gegen Kakaopulver aus, so kommen Sie in den Genuss leckerer Schokoladenbliny!

POCHIERTE FEIGEN MIT FRISCHKÄSE-FÜLLUNG UND SÜSSER WEINSOSSE

20 min.

Die Zutaten (für 4 Portionen):

- 16 reife, aber feste Feigen
- 150 g Frischkäse
- Schale von 1 unbehandelten Zitrone
- 2 EL extrafeiner Zucker

für die Weinsoße:

- 100 g extrafeiner Zucker
- 1 Flasche Merlot (oder anderer Rotwein)
- 1 Zimtstange

Die Zubereitung:

Schneiden Sie von den Feigen den oberen Teil ab. Für die Soße geben Sie Zucker mit Wein und Zimtstange in einen Topf, in dem die Feigen nebeneinander Platz haben. Die Flüssigkeit kochen Sie unter Rühren langsam auf, bis sich der Zucker aufgelöst hat. Lassen Sie die Flüssigkeit 4–5 Minuten köcheln. Dann geben Sie die Feigen zu und lassen das Ganze nocheinmal 4–5 Minuten gar ziehen. Die pochierten Feigen heben Sie mit einem Schaumlöffel heraus, die Flüssigkeit lassen Sie zur Hälfte einkochen. Dann pürieren Sie vier Feigen im Mixer glatt und mengen sie dem eingekochten Sirup zu. Soße abseihen und kühl stellen.

Verrühren Sie Frischkäse, abgeriebene Zitronenschale und Zucker. Die 12 Feigen füllen Sie großzügig mit der Käsemasse. Die Masse sollte über den Rand der unteren Feigenhälfte ragen, den abgeschnittenen Teil setzen Sie als Deckel wieder auf.

Ein Tipp:

Vorzüglich geeignet für dieses Dessert sind violette Feigen. Wenn Sie dazu noch eine Handvoll sommerfrische Beeren garnieren, überraschen Sie Augen und Gaumen Ihrer Gäste.

Ziegen- oder Schafkäse entwickeln ein besonders feines Aroma.

ZIEGENFRISCHKÄSE-CHARLOTTE

45 min. (plus Gefrierzeit)

Die Zutaten (für 16 Portionen):

für das Biskuit:

- 30 g Pistazienkerne
- 70 g Mehl
- 3 Eier (Kl. M)
- 90 g Zucker
- Salz
- Zucker zum Bestreuen
- 150 g Orangenmarmelade

für die Frischkäse-Creme:

- 5 Blatt weiße Gelatine
- 1 unbehandelte Orange
- 3 Eier (Kl. M)
- 75 g Zucker
- 300 g Ziegenfrischkäse
- 200 ml Schlagobers
- 4 cl Grenadine

Die Zubereitung:

Für das Biskuit zerkleinern Sie die Pistazien im Blitzhacker sehr fein. Mengen Sie Mehl bei und mixen Sie solange bis sich das Mehl leicht grün färbt. Schlagen Sie Eier und 3 EL Wasser mit dem Mixer zu einer luftigen Masse auf. Zucker und eine Prise Salz einrieseln lassen. Das Gemisch mindestens 8 Minuten weiter schlagen, bis die Masse dick-cremig ist. Pistazienmehl darüber sieben und vorsichtig unterheben. Dann streichen Sie die Masse gleichmäßig auf ein mit Backpapier belegtes Blech. Jetzt lassen Sie das Ganze im vorgeheizten Backofen bei 200 °C (Gas 3, Umluft 180 °C) auf mittlerer Schiene von unten 12 Minuten goldbraun backen. Dann heißt es: Biskuit sofort auf ein mit Zucker bestreutes Küchentuch stürzen, von der Längsseite her einrollen und auskühlen lassen. Biskuitrolle ausrollen, Backpapier entfernen und mit der glatt gerührten Orangenmarmelade bestreichen. Biskuit von der Längsseite her wieder aufrollen und mit einem scharfen Messer in 24 Scheiben (je 1 cm dick) schneiden. Eine runde Schüssel (20 cm Durchmesser) mit Frischhaltefolie auslegen und die Biskuitscheiben dicht nebeneinander hineinlegen. Für die Frischkäse-Creme weichen Sie die Gelatine 10 Minuten in kaltem Wasser ein. Von der Orange 2 EL Schale abreiben und 100 ml Saft auspressen. Eier, Zucker, Orangensaft und abgeriebene Orangenschale in eine Schüssel geben und im heißen Wasserbad dick-cremig aufschlagen. Lösen Sie die ausgedrückte Gelatine in der Eimasse auf und rühren Sie 2 cl Grenadine ein. Ziegenfrischkäse glatt rühren und unter die Creme heben. Das Ganze stellen Sie eine halbe Stunde kalt. Währenddessen schlagen Sie das Obers steif. Sobald die Frischkäse-Creme leicht zu gelieren beginnt, heben Sie das Obers unter. Geben Sie die Masse in die Schüssel mit den Biskuitscheiben und streichen die Oberfläche glatt. Die Charlotte stellen Sie mindestens 4 Stunden in den Kühlschrank. Dann stürzen Sie sie aus der Schüssel auf einen Teller und entfernen die Frischhaltefolie.

Ein Tipp:

Schmeckt köstlich mit Weichselkompott.

MARILLENKNÖDEL MIT SCHAFKÄSE

30 min. (ohne Rastzeit)

Die Zutaten (für 4 Personen):

für den Teig:

- 300 g Schaffrischkäse
- 100 g griffiges Mehl
- 30 g Teebutter
- 60 g Gries
- 2 Eier
- eine Prise Salz

für die Fülle:

- 8 Marillen
- 8 Stück Würfelzucker
- 90 g Teebutter
- 150 g Semmelbrösel
- Staubzucker

Die Zubereitung:

Vermengen Sie die weiche Teebutter mit dem zerdrückten, aufgerührten Schaffrischkäse. Kneten Sie das Teebutter-Käse-Gemisch mit den restlichen Zutaten rasch zu einem glatten Teig, den Sie eine Stunde im Kühlschrank rasten lassen.

Teebutter in einer heißen Pfanne schmelzen, Brösel dazu geben und goldbraun rösten. Den Kern der Marille tauschen Sie durch einen Würfelzucker aus. Aus dem Teig formen Sie eine circa 5 cm dicke Rolle, die Sie in Scheiben schneiden und flach drücken. Auf jede Scheibe geben Sie eine Marille, und formen daraus Knödel und legen sie in siedendes, leicht gesalzenes Wasser. Die Knödel 12–15 Minuten ziehen lassen, bis sie oben schwimmen. Jetzt heben Sie die Knödel mit einem Schaumlöffel aus dem Wasser, wälzen sie in den gerösteten Semmelbröseln und bestreuen die Marillenknödel mit feinem Staubzucker.

Ein Tipp:

Statt der Semmelbrösel können Sie zur Abwechslung auch Mohn oder geriebene Nüsse verwenden.

PFIRSICHE GEFÜLLT MIT BRIE-CREME

20 min.

Die Zutaten (4 Portionen):

- 4 reife, feste Pfirsiche
- 200 g milder, reifer Brie
- 70 g Staubzucker
- 2 cl Eierlikör
- 8 TL Preiselbeermarmelade
- Zesten* einer Limette

*Zesten sind hauchdünne Streifen aus der äußersten Schale von Zitrusfrüchten.

Die Zubereitung:

Halbieren Sie die entkernten Pfirsiche. Den auf Zimmertemperatur gebrachten Brie entrinden und zerkleinern Sie, um ihn mit Staubzucker und Eierlikör zu einer Creme aufzuschlagen. Füllen Sie die Creme in einen Dressiersack. Spritzen Sie auf die Pfirsichhälften eine Rosette. Dann stellen Sie die Pfirsiche kühl. Vor dem Servieren dekorieren Sie die Pfirsichhälften mit einem Tupfer Preiselbeermarmelade und Limettenzesten.

Ein Tipp:

Sie können statt der Pfirsiche auch Birnen verwenden.

PIKANTES ÖSTERKRON-KONFEKT

15 min.

Die Zutaten (für 30 Stück):

- 200 g Österkron
- 100 g Mandeln
- 40 g Teebutter
- Zitronensaft
- frisch geriebener Pfeffer

für die Hülle:

- Schnittlauch
- Paprikapulver
- Sesam
- gehobelte Karotten
- geriebene Nüsse

Die Zubereitung:

1 Österkron weich werden lassen. Dann verkneten Sie den Käse mit Mandeln, Teebutter, Zitronensaft und etwas Pfeffer. Aus der Knetmasse formen Sie kleine Kugeln, die Sie in Schnittlauch, Sesam usw. rollen. Stellen Sie die Rollen kalt und servieren Sie diese in kleinen Konfektschälchen.

1

Ein Tipp:

Lassen Sie Ihren Ideen freien Lauf!

HILFREICHES FÜR DIE KÄSEKÜCHE

JE NACH KÄSE EMPFEHLEN SICH VERSCHIEDENE WERKZEUGE. DIE RICHTIGE WAHL ERLEICHTERT DAS ARBEITEN, ZEIGT GEGENÜBER DEN GÄSTEN FACHKOMPETENZ UND GARANTIERT EIN OPTIMALES SCHNITTBILD DES KÄSES. ERHÄLTLICH AUCH IN DER KÄSEBOUTIQUE UNTER WWW.KAESE.AT

Weichkäsemesser:
Dieses mit Wellenschliff und großer Lochung ausgestattete Messer eignet sich ausgezeichnet zum Schneiden von Weichkäse. Verwendung: Man soll drei verschiedene Weichkäsemesser verwenden (je eines für Weiß-, Rotkultur und blauen bzw. grünen Blauschimmelkäse) damit die Kulturen (Mikroorganismen) nicht von einem auf den anderen Käse wechseln.

Doppelgriffmesser:
hilft „Kraft" zu sparen und vermindert die Verletzungsgefahr. Verwendung: Zerteilen von großen Blöcken und Laiben.

Eingriffmesser:
Das Messer hat eine geätzte Klinge, um das Ankleben von Käsescheiben zu minimieren. Verwendung: Zerteilen von kleinen Blöcken und Laiben. Optimal zum Schneiden der Käse für Käseplatten.

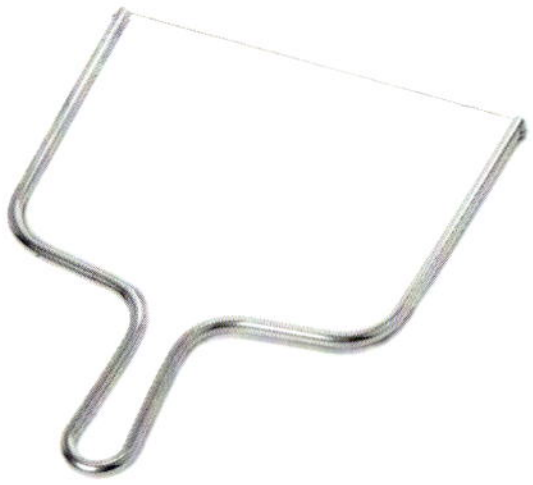

Hartkäsebrecher:
Instrument zum Abbrechen von extrahartem Käse.

Käselyra:
Ideal als Zusatzwerkzeug für Frisch-, Weich- und Schnittkäse. Verwendung: verlustfreies Zerteilen von Frischkäserollen und blauem Edelschimmelkäse.

Käsehobel:
Damit lassen sich schnell und je nach Lust und Laune vom Hart- und Schnittkäse Appetithappen abhobeln.

HIER FINDEN SIE EINIGE HILFREICHE GERÄTE, DIE IHNEN DIE KÄSEZUBEREITUNG LEICHT MACHEN UND DAFÜR SORGEN, DASS IHNEN JEDE DEKORATION GELINGT. DENN WIE SCHON EIN ALTES SPRICHWORT BESAGT: „DAS AUGE ISST MIT“.

Spezialhobel:
Mit diesem im Fachjargon auch Girolle genannten Hobel, lassen sich dekorative, aromatische Käseblüten vom Laib abhobeln.

Käsereibe:
Mit einer Käsereibe aus rostfreiem Edelstahl können Sie problemlos jeden Hartkäse fein reiben. Diesen streuen Sie über verschiedene, leckere Gerichte (zB über Salate, frische Pasta oder Aufläufe).

Backformen:
Zum Überbacken und Gratinieren von Gemüse- und Fleischsoufflés mit Käse, aber auch zum Backen einer leckeren Topfentorte eignet sich eine runde Backform am allerbesten.

Fondue:
Zum Schmelzen von Käse verwenden Sie idealerweise ein Käsefondue. Geben Sie eine Mischung aus geriebenem Käse (zB mind. 8 Monate gereifter Bergkäse und Raclettekäse), Weißwein, Knoblauch, Pfeffer, Muskat und ein wenig Kirschschnaps in den Topf. Je nach Geschmack tunken Sie Fleisch, Brot oder Gemüse in die flüssige Käsemischung.

Käseglocke:
Bei Aufbewahrung in einer Käseglocke trocknet der Käse nicht so schnell aus und man kann seinen Gästen immer wohltemperierten, feinsten Käsegenuss anbieten. Empfohlen wird die einzelnen Käsesorten unter der Glocke separat zu verpacken!

Raclettegriller:
Mit einem solchen Gerät können Sie und Ihre Freunde in geselliger Runde Käse in den unteren Schäufelchen schmelzen und auf der oberen Grillplatte Fleisch und Gemüsestücke grillen. So kann sich jeder sein individuelles Menü zusammenstellen.

DER PERFEKTE SCHNITT

MIT UNSEREN TECHNIKEN SCHNEIDEN SIE BEI KÄSE BESSER AB. MEHR AUF DEN NÄCHSTEN SEITEN.

Auf den richtigen Schnitt kommt es an. Die richtige Schneidetechnik ist die Voraussetzung für eine gelungene Käsepräsentation. Haben Sie das richtige Werkzeug zur Hand und beherrschen ein paar grundlegende Techniken, ist das Portionieren von Käse kein Problem. Ob Sie am besten zu einem Weichkäsemesser mit gelochter Klinge oder einem Eingriffmesser, einer Käselyra oder einem Käsebrecher greifen, hängt davon ab, welchen Käse Sie schneiden wollen. Größe und Art des Käses bestimmen auch die Wahl des richtigen Werkzeuges. So lässt sich Weichkäse eben anders schneiden als etwa Hartkäse.

Welche Technik für welchen Käse?
Handelt es sich um größere Teilstücke, werden sie mit einem Eingriff bzw. Doppelgriffmesser zu kleineren Stücken portioniert. (mehr dazu, Seite 182). Wenn Sie ein Weichkäsemesser verwenden, sollte der Griff immer höher als die Klinge liegen, damit sich der Käse ganz durchschneiden lässt. Die Farbe der Messergriffe gibt Ihnen vor, für welche Käseart sie zu verwenden sind (mehr dazu, Seite 182). So ist gewährleistet, dass unge-wünschte Kulturen übertragen werden. Die Käseportionen für Dessert oder Hauptspeise schneiden Sie am besten in Dreiecksstücke, die sie am Teller mit der Spitze nach außen liegend relativ leicht vorbereiten können. Mit einem Weichkäseteller, einer würzigen Genussauswahl bzw. Käsevielfalt nach Laune lassen Sie sich dann einfach verführen.

Tipps:

- *Die einzelnen Käsestücke für ein Dessert sollten zwischen 1–1,5 dag schwer sein.*
- *Verwenden Sie professionelles Schneidewerkzeug. Käsekanten werden gerade, Schnittflächen sauber und Ihre Präsentation ein echtes Käsemeisterwerk.*
- *Bestellmöglichkeiten für Käsewerkzeuge finden Sie unter: www.kaese.at*

WIE MAN FRISCHKÄSE SCHNEIDET

Greifen Sie zur Käselyra.

Der Vorteil dieser Schneidetechnik: glatte Oberflächen. Die Form der Käseroulade wird nicht beeinträchtigt. Lassen Sie das Rouladenstück gleich auf eine Gabel oder auf ein Messer fallen, Sie sparen sich ein wiederholtes Aufheben des Käses.

Erste Wahl: die Käselyra.

Draht einfach durch den Käse ziehen.

WIE MAN PARAFFINIERTEN KÄSE SCHNEIDET

Jedem das Seine.

Verwenden Sie zum Zerteilen verschiedener Käsesorten immer sauberes Werkzeug. Sie verhindern dadurch die Übertragung spezieller Bakterienkulturen auf andere Käsespezialitäten.

Käseverpackung öffnen.

Mit Eingriffmesser durchschneiden.

Rinde abziehen.

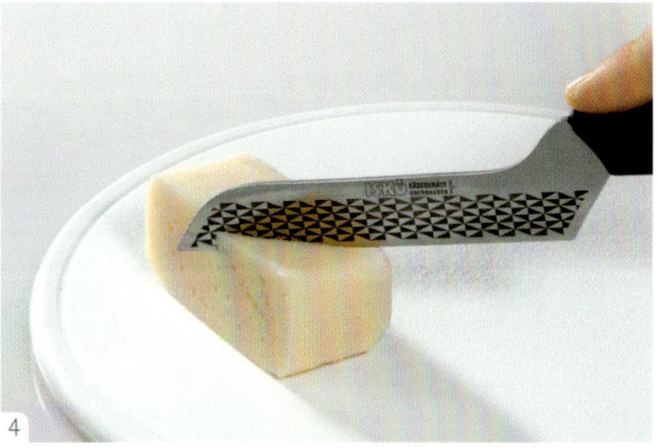

Käsestück schräg anschneiden.

Käseeck durchschneiden.

Rest des Käsestücks in gleich große ...

... Käseecken portionieren.

Rest mit Folie versehen und kühl lagern!

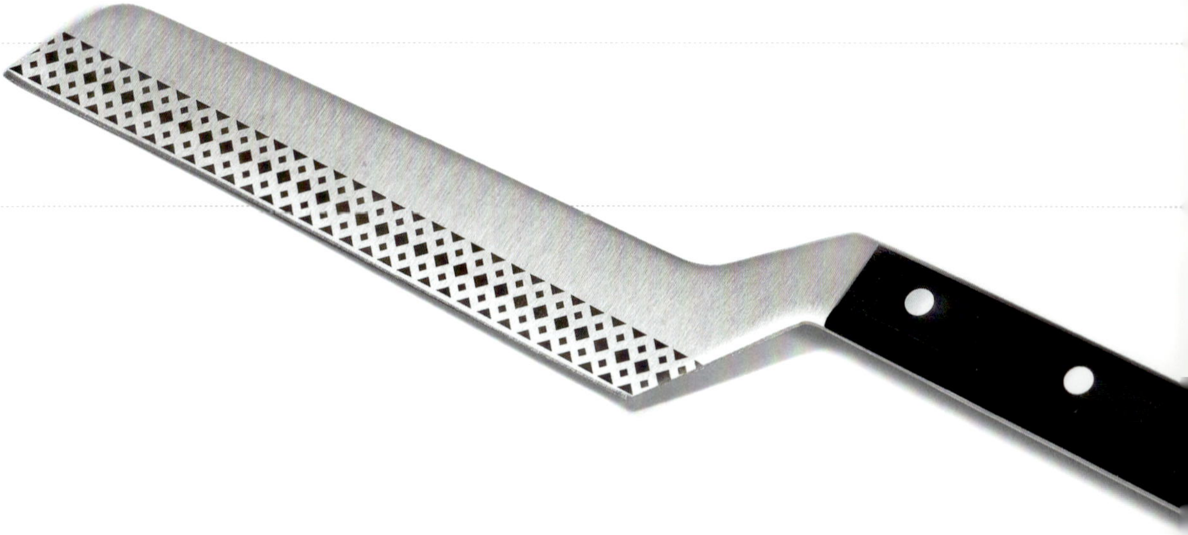

Auf den Laib geschnitten.

Orientieren Sie sich bei der Schneidetechnik an der Käseform. Ob Block, Laib, Rolle, Kugel, oder Torte, passen Sie die Technik immer der Form an. Sie verhindern dadurch Schnittverlust.

1 Käsekugel aus der Verpackung nehmen.

2 Wachsrinde im 1/8 anschneiden und öffnen.

3 Käsekugel mittig durchschneiden.

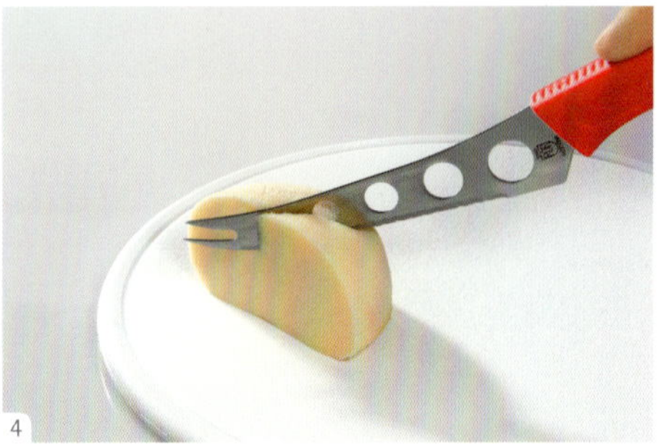

4 Halbkugel schräg anschneiden.

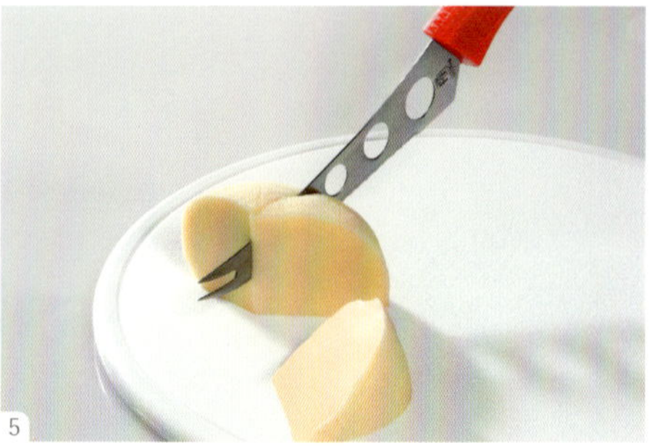

5 In Segmente schneiden.

6 Vier gleich große Segmente portionieren.

7 Fertig!

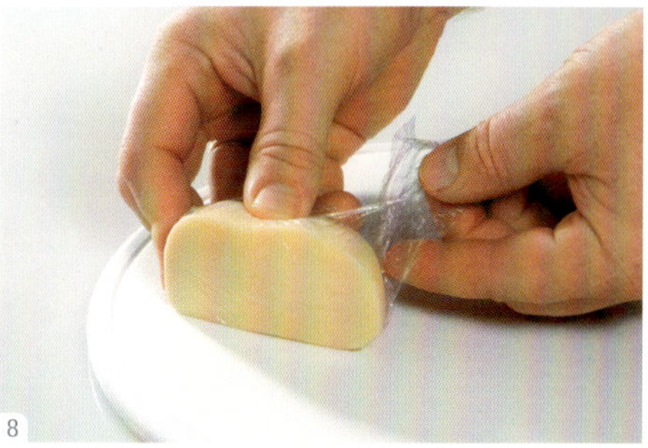

8 Rest mit Folie abdecken und kühl lagern!

WIE MAN WEICHKÄSE SCHNEIDET

Gut geschnitten.

Schneiden Sie mehrere Segmente aus einer Käsetorte, empfiehlt es sich, die Schnittseiten immer wieder zu wechseln. So verhindern Sie das Austrocknen auf einer Seite des Käsestücks.

1 Torteneck aus der Folie nehmen.

2 Mit Weichkäsemesser schräg anschneiden.

3 Im Zick-Zack-Rythmus ...

4 ... bis zur 2. Hälfte wiederholen.

5 Bei der 2. Hälfte die Breitseite anschneiden.

6 Gleich große Stücke schneiden.

7 Wiederholen bis das Stück aufgeteilt ist.

8 Fertig!

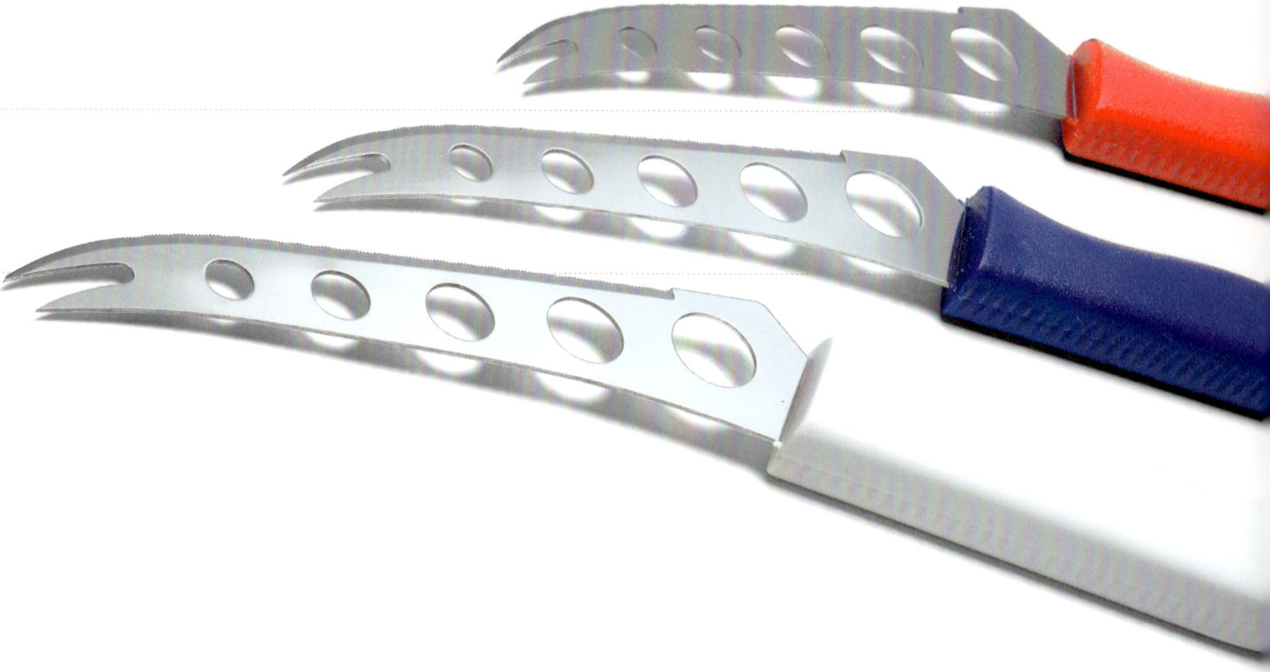

Finger weg!

Wenn Sie Weichkäse mit Edelschimmelrasen aus der Verpackung nehmen, nicht mit den Fingern berühren, da sich sonst die Druckstellen braun verfärben. Am besten Sie heben den Käse vorsichtig aus der Verpackung.

1

Weichkäse aus der Folie nehmen.

2

Wie eine Torte portionieren.

3

Zum Lagern in zwei Teile schneiden, damit ...

4

... die Schnittfläche mit der Folie ...

5

... gut abgedeckt werden kann.

Edle Rotkultur!

Mit dem roten Weichkäsemesser alles im Griff. Käseprofis achten auf die Farbe der Messergriffe und verhindern so die Übertragung von weißen, roten oder blauen Edelschimmelkulturen auf artfremden Käse bzw. ersparen sich die sonst notwendige Zwischenreinigung.

1

Spezielles Verpackungsmaterial ist ideal ...

2

... um auch angeschnittenen Käse zu lagern.

WIE MAN SCHNITT- UND HARTKÄSE SCHNEIDET

Das Käsebuffet – eine Augenweide.

Käse kauft man grundsätzlich im Stück. Wenn Sie die geschnittenen kleinen Käsestücke zur ursprünglichen Form zusammensetzen oder interessante geometrische Formen daraus bilden, demonstrieren Sie die hohe Kunst des Plattenlegens.

1 Stück vom Käseblock aus der Folie nehmen.

2 Käseblock mit Käsemesser durchschneiden.

3 Die eine Hälfte schräg anschneiden.

4 In Dreiecke schneiden.

5 Dreiecke aufgestellt durchschneiden.

6 Dreiecke bis zur Hälfte des Blocks schneiden.

7 Mit der zweiten Hälfte wiederholen.

8 Fertig!

Austrocknen verhindern.

Setzen Sie die kleinen Stücke eng in Form, sieht das nicht nur gut aus, sondern verhindert auch ein mögliches Austrocknen des Käses. Falls Käse nicht gleich serviert wird, sollten die vorbereiteten Käseteller mit Frischhaltefolie abgedeckt und bis eine halbe Stunde vor dem Servieren kühl gestellt werden.

Käsetortenstück aus der Folie nehmen.

Mit Eingriffmesser schräge Teile abschneiden.

Vom 2. Teil ein Viertel schräg abschneiden.

Das Käsestück um 90 ° aufstellen.

Das Viertel wieder in 3 kleine Stücke teilen.

Das selbe mit dem nächsten Viertel ...

... und das selbe mit den letzten Vierteln.

Fertig – jedes Stück hat seine Rinde!

Einen Stich gemacht!

Wenn Sie besonders lange gereiften Hartkäse (mehr als 1½ Jahre) stechen (zB Asmonte), dann vergrößern Sie die Oberfläche des Käses. Die Folge: Geschmacksstoffe können im Mund besser gelöst werden.

Die Rinde mit dem Hartkäsebrecher ablösen.

Mundgerechte Stücke herausbrechen.

WIE MAN EDELSCHIMMELKÄSE SCHNEIDET

Mit der Käselyra auf Draht!

Edelschimmelkäse schneidet man am besten mit Draht. Bei großen Käsen senkrechte und gerade Kanten zu erzielen, ist nicht immer ganz einfach. Aus diesem Grund wurden Geräte mit Führung entwickelt. Diese Werkzeuge ermöglichen gerade Schnitte.

Das Stück aus der Verpackung nehmen.

Mit der Käselyra die Rinde entfernen.

Käsestück halbieren.

Die eine Hälfte in Segmente schneiden.

Die Segmente sollen etwa gleich groß sein.

Zweite Hälfte schräg anschneiden.

Dreieckssegmente schneiden...

...das Ganze wiederholen.

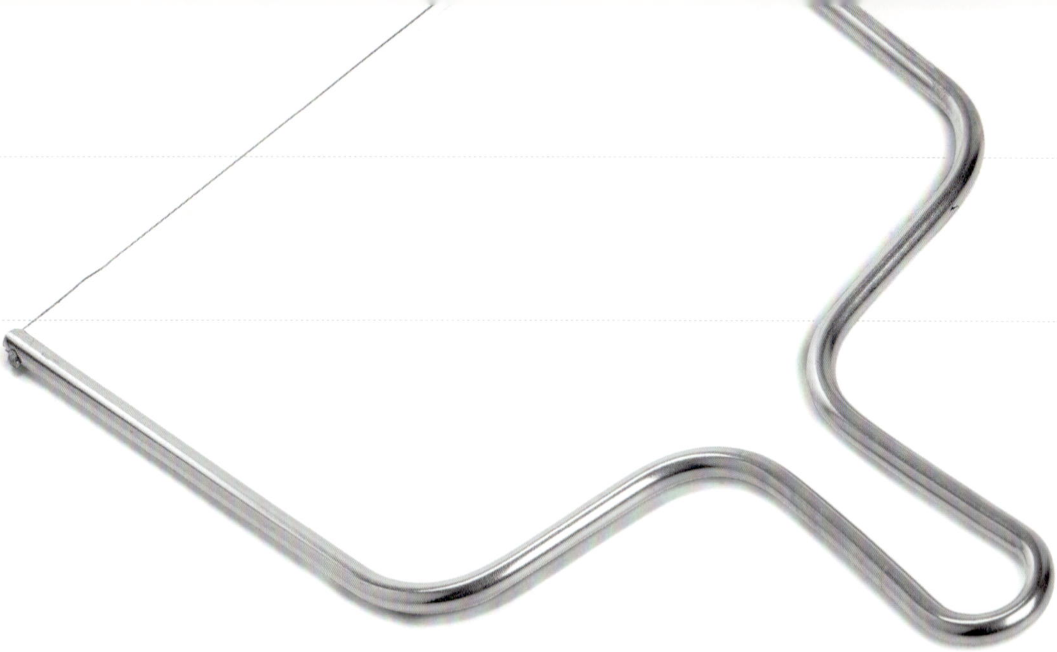

Auf die Rinde achten.

Jedes Stück Käse, das Sie schneiden, sollte immer möglichst gleich viel Anteil an Rinde aufweisen. Das macht sich optisch und geschmacklich besser.

Den Edelschimmelkäse aus der Folie geben.

Mit dem Weichkäsemesser anschneiden.

Stücke in Genussportionen abschneiden...

...und beliebig wiederholen.

Rest zum Aufbewahren in Folie verpacken.

Schaben macht sich gut.

Wer zum Schaber greift, erhöht die Luftzufuhr an der Käseoberfläche. Dadurch kann sich der Geschmack noch besser entwickeln. Ihr Gaumen wird jubilieren!

Mit dem Schaber Käse herausheben.

Mit dem Käsemesser auf das Brot geben.

KÄSEPLATTEN – GAUMENKITZEL PUR

WER SICH IN DER KUNST DER KÄSEPLATTENZUBEREITUNG VERSTEHT,

VERZÜCKT NICHT NUR DEN GAUMEN SEINER GÄSTE, SONDERN VERFÜHRT ALLE FÜNF SINNE.

Um eine Käseplatte attraktiv zu inszenieren, wählen Sie mindestens vier bis fünf verschiedene Käsesorten aus – noch besser mehr. Unser Vorschlag: Legen Sie Frischkäse, Weichkäse mit weißem Edelschimmel, Weichkäse mit edler Rotkulturreifung, Hartkäse und Käse mit blauem oder grünem Edelschimmel auf.

Die Anordnung der Käse erfolgt immer in der Reihenfolge von der milden bis zur kräftigsten Sorte. Am Teller befindet sich in der Mitte oder auf 6 Uhr immer der mildeste Käse. Im Uhrzeigersinn wird der Käse aufgelegt und auch verkostet.

Ein Tipp zur Schneidetechnik
Wenn Sie vom ganzen Stück herunter schneiden und einen Teil wieder verpacken, verwenden Sie verschiedene bzw. immer gesäuberte Messer beim Zubereiten der Käsestücke. Sonst kann es zu einer Übertragung der Edelschimmelkulturen kommen. Weichkäsemesser unterscheiden sich daher im Griff der weiß, rot bzw. blau gehalten ist.

Für jeden Anlass die perfekte Platte
Käseplatten für ein ausgedehntes Familienfrühstück, eine knackige Käseplatte zum Kartenspiel mit Freunden, einen Käseteller für Figurbewusste, eine Platte als Partyteller oder eine für Verliebte – Käseplatten lassen sich schnell, dekorativ und je nach Anlass auflegen. Und zwar für jeden Geschmack. Welche Präsentation lässt das Genießerherz höher schlagen?

Am Käseteller inszeniert man die Käsesorten im Uhrzeigersinn von mild-fein über g'schmackig bis würzig-kräftig. Erlaubt ist, was schmeckt. Aus den Augen des Gaumens und aus dem körperlichen Empfinden heraus startet man am Morgen eher mit mild und steigert bis zum Abend hin die Geschmacksintensität der Käsesorten.

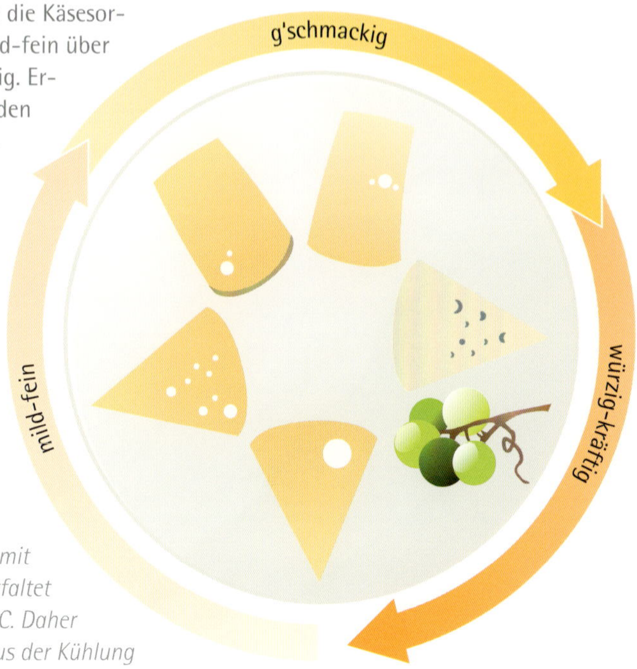

Tipp:

Achten Sie immer auf die Genusstemperatur – denn Käse, mit Ausnahme von Frischkäse, entfaltet sein Aroma erst ab 18 bis 20 °C. Daher nur Frischkäse immer direkt aus der Kühlung servieren!

TIPPS WIE MAN KÄSEPLATTEN DEKORIERT

DAS AUGE ISST MIT. WER KÄSE PRÄSENTIERT, ACHTET AUF DEN ANLASS. DAS PRINZIP „WENIGER IST OFT MEHR" HAT SEINE GÜLTIGKEIT.

Darüber hinaus gibt es noch ein paar Empfehlungen. Steht eine Jause auf dem Programm, ist eher die rustikalere Inszenierung mit einem Holzbrett angesagt. Je feiner Käse zelebriert wird, desto mehr Wert legen Sie auf den Teller. Wollen Sie ein größeres Käsebuffet gestalten, dann genügen ein paar einfache Handgriffe und Sie verwandeln Ihre Käsetafel in eine Festtagstafel. Begeistern Sie Ihre Gäste. Verwenden Sie eine weiße Tischdecke und schmücken Sie den Tisch mit ein paar Farbtüchern, kleine Kartons unter dem Tischtuch und schon haben Sie verschiedene Höhen für die Inszenierung der diversen Käseinseln, wo Sie immer nur wenige Stücke vorschneiden und das restliche Stück Käse im Ganzen meist besondere Wirkung zeigt. Dadurch rücken auch Sie sich in das Licht eines Käseprofis. Für Profis absolut Tabu sind nämlich Dekorationen mit gestreutem Pfeffer oder Paprika, Zitronen, Sauergemüse wie Essiggurken etc. Hingegen haben Obst aber auch rohes Gemüse, sowie andere dekorative Akzente wie zB mit Blütenblättern und Zweigen ihre Reize. Idealerweise konzentrieren Sie sich auf einen Punkt und setzen dort gezielt Akzente. Apropos Käsesorten – solche die pfeffrig sind oder Pfefferkörner in ihrer Kruste haben, betonen Sie indem Sie einfach eine kleine Holzschale mit Pfefferkörnen dazulegen. Analog können Sie es auch bei Käsen machen, die mit Knoblauch, Kräutern, Nüssen, etc. verfeinert sind. Nüsse und Kürbiskerne geben auf jeder Käseplatte eine gute Figur ab.

Ein Tipp:

Besondere Stimmung erzeugen Sie durch Kerzen. Sie sorgen für spezielle Lichteffekte.

DIE KÄSEPLATTEN

JETZT KANN DER KÄSE-GENUSS BEGINNEN. IN DEN 3 GESCHMACKSWELTEN:

MILD-FEIN — G´SCHMACKIG — WÜRZIG-KRÄFTIG

KLEINE KÄSEPLATTE

Käseplatte für 4–8 Personen:
7 Käsesorten, ca. 1.000 g

1. Rollino
2. Drautaler
3. Brie
4. Braukäse
5. Severin
6. Dachsteiner
7. Österkron

Ein Tipp:

Käsestücke bis mind. 300 g ca. 1–2 Stunden vor dem Verzehr aus dem Kühlschrank nehmen. Dann die Käsestücke auspacken, für 10 Minuten entlüften lassen und anschließend aufschneiden und servieren, mit einer Genusstemperatur von 18–22 °C.

GROSSE KÄSEPLATTE

Käseplatte für 8–10 Personen:
7 Käsesorten, ca. 2.000 g

1. Moosbacher
2. Mondseer
3. St. Patron
4. Selchkas
5. Alpzirler
6. Bergkäse
7. Asmonte

KÄSEVIELFALT

Käsedessert für 1 Person:
7 Käsesorten, ca. 120 g

1	Rollino
2	Drautaler
3	Brie
4	Braukäse
5	Severin
6	Dachsteiner
7	Österkron

WEICHKÄSETELLER

Käsedessert für 1 Person:
5 Käsesorten, ca. 120 g

1	Camembert
2	Weinkäse
3	Rosso
4	St. Severin
5	Roter Möch

GENUSSAUSWAHL

Käsedessert für 1 Person:
3 Käsesorten, ca. 60 g

1	Dolce Bianca
2	Österkron
3	Kracher

WORAUF BEIM KÄSEEINKAUF UND BEI DER LAGERUNG GEACHTET WERDEN SOLL

Bevor Sie die Käsevitrine ins Visier nehmen, überlegen Sie, wen Sie mit Käse verwöhnen möchten. Eine Damenrunde bevorzugt eher mild-feine Käsesorten, Männer hingegen neigen in Richtung würzig-kräftigen Geschmack. Wie viel Käse sollte in der Einkaufstasche landen? Als Faustregel gilt: Servieren Sie Käse als Hauptspeise empfehlen wir 240 Gramm – wollen Sie Käse als Dessert kredenzen, rechnen Sie mit 120 g pro Person.

Appetit auf Käsegenuss?

Käsefans haben in Österreich eine Riesenauswahl. Über 150 verschiedene Sorten von mild-fein bis würzig-kräftig machen Appetit auf die gelbe Palette. Was ist drin im Käse, wie viel Fett enthält die Trockenmasse (mehr dazu, Seite 91), zu welcher Familie gehört der Käse? Das alles finden Sie auf der Verpackung.

Welche Sorte zu welchem Anlass?

Lassen Sie sich vom Fachmann bzw. der Fachfrau beraten, er bzw. sie sagt Ihnen welche Sorte zu welchem Anlass am besten passt, welcher Käse welche Charakteristika hat und vieles mehr. Jeder hat ein anderes Geschmacksempfinden, darum empfehlen wir: Probieren geht über Studieren. Lassen Sie sich ein Stück servieren. So macht Einkaufen gleich noch mehr Spaß.

Tipp:

Kaufen Sie immer Käse im Stück und nicht aufgeschnitten. Käse lebt nämlich bis er sich im wahrsten Sinne des Wortes verduftet. Daher bleibt er im Stück länger seiner Qualität treu und trocknet vor allem nicht so schnell aus.

Was sagt die Verpackung?

Am Beispiel Österreichischer Tilsiter möchten wir Ihnen die hohe Transparenz in der Verpackung vor Augen führen. Da ist jedes Detail schwarz auf weiß zu sehen.

Genusstauglichkeitszeichen – damit lässt sich innerhalb der Europäischen Union Land und Betrieb ermitteln (zB AT steht für Herkunft aus Österreich), in dem der Käse erzeugt wurde. Aussagen zur Herkunft der Rohstoffe sind nicht möglich.

Verkehrsbezeichnung: Sorte (zB Bergkäse) bzw. Käsegruppe (zB Schmelzkäse) sowie ev. die geographische Herkunft

Fettgehaltsstufe bzw. Fett in der Trockenmasse relativ (Ausnahme sind die Sauermilchkäse)

Mindesthaltbarkeitsdatum (bis zu diesem Datum ist das Produkt, unter Einhaltung der Lagerbedingungen laut Lebensmittelgesetz mindestens haltbar).
Bei Gourmets fängt der Käsegenuss erst an, wenn diese Frist, zum Teil oft deutlich, überschritten wurde. Auf die richtige Lagerung und Weiterreifung zu Hause kommt es an!

Preis (bei abgepacktem Käse muss zusätzlich der Kilogrammpreis angegeben sein)

Nettogewicht

Firmenname und Anschrift der Molkerei oder des Verkäufers

AMA-Gütesiegel: Nur qualitativ hochwertige Lebensmittel mit nachvollziehbarer Herkunft dürfen dieses Siegel tragen. Die strengen Qualitätskriterien gehen über die gesetzlichen Anforderungen hinaus. Für den Käse bedeutet das:

- Auch am Ende der Haltbarkeit muss das Erzeugnis bei der sensorischen Untersuchung der Güteklasse 1 entsprechen.
- Frisch- bis Hartkäse dürfen keine Konservierungsstoffe, Antioxidantien, Emulgatoren, Verdickungsmittel, Stabilisatoren, künstliche Farbstoffe und Aromen enthalten.
- 100 %ige Garantie auf Rohstoff und Produktion der im Zeichen angegebenen Herkunft. Die Einhaltung der Vorgaben wird durch regelmäßige Markt- und Betriebsproben von unabhängigen Kontrolloren überprüft.
- Bei Verwendung von Schaf-, Ziegen- oder Büffelmilch ist auf diese hinzuweisen.
- Geriebener Käse aus einer Sorte muss mit „Emmentaler gerieben" oder „Hergestellt aus Emmentaler" gekennzeichnet sein, bei gemischten Sorten ist nur der Fettgehalt in der Trockenmasse anzuführen.
- Käse mit der Auslobung „lite", „light" oder „leicht" darf höchstens 32,5 % Fett in der Trockenmasse aufweisen.
- Ein in der Käsetheke offen angebotener Käse muss auf einem Schild neben der Ware die Sachbezeichnung, sowie den Fettgehalt in der Trockenmasse angegeben haben.

Wie man Käse richtig lagert
Käse liebt Lagertemperaturen zwischen 8–12 °C. Mit Ausnahme von Frischkäse aber liegt seine Genusstemperatur bei 18–20 °C.

Daher wird empfohlen, den Käse 1–2 Stunden vor dem Servieren aus dem Kühlschrank zu nehmen und vorerst noch verpackt zu lassen. 10 Minuten vor dem Aufschneiden auspacken und durchlüften lassen. Frischkäse soll immer kühl gelagert und auch so serviert werden. Weich-, Schnitt- und Hartkäse benötigen hohe Luftfeuchtigkeit und kühle Temperaturen während der Reifung. Zu Hause einfach gleichmäßig bei 8–12 °C im Kühlschrank lagern.

Tipp:
Zu kühle Lagerung schaden der Qualität und dem Geschmack ebenso wie Licht und Fremdgerüche. Weich- und Frischkäse grundsätzlich immer in der Originalverpackung lagern bzw. mit Frischhaltefolie gut verpacken. Dabei ist darauf zu achten, dass die Schnittfläche immer gut abgedeckt wird.

Die Folie muss bei neuerlichem Einpacken immer gewechselt werden. Für Schnitt- und Hartkäse eignet sich eine atmungsaktive Frischhaltefolie. Bei Käse mit blauem- oder grünem Edelschimmel hingegen ist eine Alufolie bzw. die Originalverpackung besser. Käse muss stets verpackt sein, sonst drohen ihm Austrocknung, unerwünschte Schimmelbildungen und Annahme von Fremdgerüchen bzw. geben Käse ihre individuelle Note an andere Lebensmittel ab.

Die Temperatur während der Lagerung von Käse soll nicht stark schwanken, da dies zu einer nassen Oberfläche führt und die ideale Voraussetzung für Schimmelbildung schafft.

Achten Sie auf das Mindesthaltbarkeitsdatum. Je eher dieses Datum erreicht ist, desto eher handelt es sich um einen gut gelagerten Käse mit vollständiger Reifung. Käsegenuss fängt für viele erst nach dem Mindesthaltbarkeitsdatum an.

Ein Tipp:

Angepasst an ihren Käseverbrauch, lagern Sie idealer Weise den Bedarf für drei Tage bei Raumtemperatur in einer Käseglocke. Käsefreunde genießen oft zwischendurch. Es ist überhaupt kein Problem ein Stück Weich-, Schnitt- und Hartkäse nebeneinander, separat verpackt, so zu lagern.

Pineapple Slider, Seite 204

MOLKE-COCKTAILS

Je 5 min.

Die Zutaten (für je 2 Portionen):

Strawberry Twist:

- 2 cl Erdbeermark
- 1/8 l Fruchtmolke Erdbeer
- 1/8 l Fruchtmolke Ananas /Papaya

Pineapple Slider:

- 2 cl Kokossirup
- 1 cl Blue Curacao (gibt es auch ohne Alkohol)
- 3 cl Zitronensaft
- 1/4 l Fruchtmolke Ananas/Papaya

Driver Caipi:

- 2 cl Limettensaft
- 2 cl Holunderblütensirup
- 1 cl Grenadine
- 1/4 l Fruchtmolke Orange/Grapefruit/Zitrone

Die Zubereitung:

Alles gut verrühren und kalt servieren.

Ein Tipp:

Molke ist auf natürliche Weise kalorienarm und nahezu fettfrei.

Je 5 min.

Die Zutaten (für je 2 Portionen):

Yellow Swing:
- 4 cl Havanna Club
- 2 cl Kokossirup
- 2 cl Zitronensaft
- 1/8 l Fruchtmolke Orange/Grapefruit/Zitrone
- 1/8 l Fruchtmolke Ananas/Papaya

Peach Flower:
- 4 cl Wodka
- 2 cl Pfirsichmark
- 1/8 l Fruchtmolke Pfirsich/Eistee
- 1/8 l Fruchtmolke Ananas/Papaya
- 1 cl Grenadine

Maracuja Sour:
- 4 cl Havanna Club
- 2 cl Maracuja Likör
- 1 cl Kokossirup
- 2 cl Zitronensaft
- 1/8 l Fruchtmolke Maracuja
- 1/8 l Fruchtmolke Mango

Die Zubereitung:

Alles gut verrühren und kalt servieren.

1 (Für den Zuckerrand einfach den Glasrand mit Zironensaft befeuchten und in Kristallzucker tauchen.)

1

Ein Tipp:

Sie können Ihrer Kreativität freien Lauf lassen und mit Fruchtmolke fantastische Cocktails entwerfen.

KÄSECLUB & KÄSESOMMELIER

WIE SIE MITGLIED IM KÄSECLUB WERDEN.

Sie haben jetzt Lust auf mehr bekommen, auf mehr Käsegenuss? Dann wird es Zeit, Mitglied in unserem Käse-Club zu werden. Was Ihnen diese Mitgliedschaft bringt? Eine Menge Vorteile: mehr Wissen, mehr Genuss, mehr News.

Als Clubmitglied sind Sie am Puls des Käsegeschehens. Unser „Käse pur-Magazin" serviert Ihnen viermal jährlich die neuesten News rund um Käse, interessante Rezepte und viel Wissenswertes. Als Mitglied sparen Sie bei Käsedegustationen bares Geld, denn Sie bezahlen nur die Hälfte, haben aber den vollen Genuss. Und last but not least haben Käse-Club Mitglieder ihren Preisvorteil beim Einkauf von Käseutensilien.

Obendrein werden Sie über interessante Events rund ums Genießen informiert und vieles mehr. Lust auf mehr Käsegenuss?

KÄSE CLUB

Weitere Informationen unter:
www.kaeseclub.at

KÄSEPRÄSENTATIONEN ZU HAUSE ODER EXKLUSIVE VERKOSTUNGEN BEI BETRIEBS- ODER WEIHNACHTSFEIERN – RENT A KÄSESOMMELIER!

Sie haben vor, Freunde einzuladen und mit ausgesuchten Köstlichkeiten zu verwöhnen. Sie möchten im geselligen Kreis Käse in seiner Vielfalt kennen lernen. Sie wollen wissen, was man mit und aus Käse alles machen kann.

Dann ist der Käsesommelier der richtige Ansprechpartner für Sie. Er entführt Sie in die Geschmackswelten ausgesuchter Käsesorten, zeigt Ihnen wie man Käse richtig auswählt, lagert und schneidet, gibt Ihnen Tipps für das Auflegen von Käseplatten.

Der Verein der Käsesommeliere besteht aus diplomierten Käseexperten, die ihre Begeisterung für Käse mit Leidenschaft weitergeben. Buchen Sie einfach einen Käsesommelier für eine Käse- und Wein-/Bier-/Mostverkostung, Weihnachts- oder Betriebsfeier.

VEREIN KÄSESOMMELIER ÖSTERREICH

Weitere Informationen unter:
www.kaesesommelier.at